अंक ज्यं...... एवं भविष्यफल

अंक ज्योतिष द्वारा भविष्य ज्ञात करने की विधि जानें

अरुण सागर 'आनन्द'

वी एण्ड एस पब्लिशर्स

प्रकाशक

वी एण्ड एस पब्लिशर्स

F-2/16, अंसारी रोड, दरियागंज, नई दिल्ली-110002
☎ 23240026, 23240027 • फैक्स: 011-23240028
E-mail: info@vspublishers.com • *Website:* www.vspublishers.com
Online Brandstore: *amazon.in/vspublishers*

क्षेत्रीय कार्यालय : हैदराबाद
5-1-707/1, ब्रिज भवन (सेन्ट्रल बैंक ऑफ इण्डिया लेन के पास)
बैंक स्ट्रीट, कोटी, हैदराबाद-500 095
☎ 040-24737290
E-mail: vspublishershyd@gmail.com

शाखा : मुम्बई
जयवंत इंडस्ट्रिअल इस्टेट, 1st फ्लोर-108, तारदेव रोड
अपोजिट सोबो सेन्ट्रल, मुम्बई - 400 034
☎ 022-23510736
E-mail: vspublishersmum@gmail.com

BUY OUR BOOKS FROM: AMAZON FLIPKART

© **कॉपीराइट:** वी एण्ड एस पब्लिशर्स

ISBN 978-93-505762-4-3
संस्करण 2021

मुद्रक *:* परम ऑफसेटर्स, ओखला, नयी दिल्ली-110020

प्रकाशकीय

'अंक ज्योतिष एवं भविष्यफल' प्रकाशित करते हुए हमें अति प्रसन्नता हो रही है। सरल, सहज भाषा में लिखी यह पुस्तक आम आदमी के लिए उपयुक्त है व लीक से हटकर प्रस्तुत की गयी है, कहा जाता है–

"लीक-लीक गाड़ी चले, लीकहि चले कपूत।
लीक छाड़ि तीनों चलें, शायर, सिंह, सपूत॥"

जी हाँ! इस पुस्तक में लेखक के 25 वर्षों के पठन-पाठन का अनुभव समाहित है तथा विषय की गूढ़ता एवं गहनता को स्पष्ट शब्दों में सहज करके प्रस्तुत किया गया है। अंक ज्योतिष जैसे दुरूह विषय को जनसाधारण की भाषा में लिखने के लिए लेखक ने अथक प्रयास किया है। तथापि इसमें भाषा शैली की वह रवानगी है कि पाठक इसे बिना शब्दकोश के पढ़ने में कामयाब हो सकेंगे। सबकी यह दिली-इच्छा होती है अपना भविष्य जानने की। आज भविष्य जानने की कई विधाएँ प्रचलित हैं जिनमें जन्म-कुण्डली, प्रश्न-कुण्डली, रमलशास्त्र, लाल किताब, भृगु संहिता, हस्तरेखा शास्त्र तथा सामुद्रिक शास्त्र प्रमुख हैं। अंक ज्योतिष एक ऐसा विज्ञान है जिसका प्रयोग अन्य सभी विधाओं में प्राय: किसी न किसी रूप में अवश्य होता है। अंक ज्योतिष भविष्य कथन की एक प्रभावी विद्या बन चुकी है। पाठक अपने दैनिक जीवन में बल्कि व्यक्तिगत जीवन में इससे पूर्णरूप से लाभान्वित हो सकते हैं। आशा है कि हमारे सहृदय पाठक इसे खुशी से स्वीकार करेंगे तथा पुस्तक में पायी जाने वाली त्रुटियों के तरफ हमारा ध्यान आकर्षित करेंगे, जिसे अगले संस्करण में दूर किया जा सके।

आपसे निवेदन है कि आप अपना रचनात्मक सुझाव एवं परामर्श हमें अवश्य लिखें, आपके सुझावों की हमें प्रतीक्षा रहेगी।

पाठकों को सलाह दी जाती है कि वह किसी भी प्रकार का रत्न सुयोग्य ज्योतिषी के दिशा-निर्देश पर ही धारण करें।

–प्रकाशक

विषय-सूची

१
अंक ज्योतिष-परिचय

जन्म कुण्डली में नवग्रहों की 12 भावों में स्थिति, दृष्टियाँ, ग्रहों की गति, नक्षत्रों का प्रभाव इत्यादि से व्यक्ति का स्वभाव, चरित्र, व्यवहार, रंग-रूप, आर्थिक स्थिति, शुभ व अशुभ घटनाओं तथा भाग्य-उदय के बारे में जाना जा सकता है।

'हस्तरेखा शास्त्र' (Palmistry) में हाथों व अँगुलियों की संरचना, हथेली की रेखाओं से जातक का स्वभाव, व्यवहार, भाग्योदय का समय, आयु व गुण-दोष के बारे में जाना जा सकता है, लेकिन 'अंक ज्योतिष' (Numerology) में जन्मतिथि के आधार पर ही जातक का स्वभाव, चरित्र, गुण, रहन-सहन, विचारधारा व भविष्य जाना जा सकता है।

'अंक ज्योतिष' संसार का सर्वाधिक प्राचीन विज्ञान है। अंकों का मानव के जीवन में बहुत महत्त्व है। अंक जीवन में हमेशा आपकी छाया बनकर आपका पीछा करते हैं। अंकों का हमारे जीवन में बहुत अधिक महत्त्व है। अंकों की संख्या सीमित है, लेकिन अंकों का रहस्य अनन्त है। केवल जन्म-तारीख़ के आधार पर हम अपने भविष्य व अहम ख़ास बातों के बारे में जान सकते हैं।

'अंक ज्योतिष' और 'ज्योतिष शास्त्र' (Astrology) की अन्य शाखाओं में काफ़ी फ़र्क़ है। ज्योतिष विद्या को सीखने के लिए अधिक श्रम करना पड़ता है, जिसमें महादशा/अन्तरदशा/प्रत्यान्तरदशा की गणना व लग्न निर्धारित करने के लिए गणित का उपयोग अधिक होता है। हस्त रेखा शास्त्र में ज्ञान-प्राप्ति के लिए हाथ की रेखाओं व चिह्नों की बारीक़ी से जाँच करनी पड़ती है, लेकिन अंक ज्योतिष बहुत ही सरल है। 'अंक ज्योतिष' सामान्य बुद्धि वाला व्यक्ति भी थोड़ा प्रयत्न करने से बड़ी आसानी से सीख सकता है। भविष्य जानने की केवल एक यही विद्या है, जिसे आम आदमी बिना किसी गुरु के सीख सकता है। भविष्य जानने के लिए जन्म-पत्रिका या हाथ की संरचना व हाथ की रेखाओं से भविष्य की जानकारी प्राप्त होती है, लेकिन अधिकतर जन्म-पत्रिकाओं में जन्म समय ठीक न होने से लग्न शुद्ध नहीं होता। कुशल हस्तरेखा विशेषज्ञ बहुत कम होते हैं, ऐसी अवस्था में अंक विद्या से व्यक्ति के स्वभाव, गुण, रुचि, बुद्धिमता व शक्ति इत्यादि के बारे में बड़ी आसानी से जाना जा सकता है। इसमें किसी प्रकार का जटिल गणित या किसी पंचांग की आवश्यकता भी नहीं होती।

अंक ज्योतिष का आधार 1 से 9 तक अंकों में है। भारतीय महर्षियों के अनुसार हर अंक अपने-आपमें पूरा इतिहास समेटे हुए है। अंक-समूह इतनी आसानी से व्यक्ति को नहीं छोड़ता। अंक सही मायनों में आदमी का आईना हैं, जिसमें वह अपने चेहरे के सारे भाव देख सकता है।

उदाहरण के लिए मैं आपके सामने किसी व्यक्ति की जन्म तारीख़ बताता हूँ। जन्म तारीख़ है 2 अप्रैल 1970। यह तारीख़ उसके जीवन से एक महत्त्वपूर्ण अंग बन जायेगी। 2 अंक निरन्तर उसके जीवन से जुड़ा रहेगा। यह अंक उसके अलावा उसकी पत्नी, भाई, मित्र, रिश्तेदार तथा सम्बन्धियों के लिए भी प्रिय होगा। इस तारीख़ को वह प्रसन्नता से भर जायेगा। अपने मन में वह नयी उमंग, जोश और उत्साह अनुभव करेगा। यही नहीं जीवन की प्रत्येक घटना अंकों के माध्यम से ही आँकी जाती है। किस तारीख़ को विवाह हुआ? पुत्र का जन्म कब हुआ? कब परीक्षा पास की? कहने का तात्पर्य यही है कि जीवन के जो अमिट चिह्न हैं, वे सभी अंकों से लिपटे हुए हैं। इसीलिए तो 'इमर्सन' ने कहा है कि 'अंकों के बिना हमारा कोई अस्तित्व ही नहीं है। हमारा सारा जीवन, सारा दर्शन और सारे पल अंकों के इर्द-गिर्द हैं। हमारे जीवन के प्रत्येक पल का आधार अंक है। अतः यह ज़रूरी है कि हम जो कुछ भी करें, अंकों के माध्यम से ही कर सकेंगे। अंक हमारे हैं और जीवन-भर अंक हमारे साथ रहेंगे।'

प्रत्येक व्यक्ति का जन्म अँग्रेज़ी तारीख़ 1 से 31 के बीच होता है और प्रत्येक तारीख़ का अपना-अलग महत्त्व होता है। ज्योतिष में नवग्रह सूर्य, चन्द्र, मंगल, बुध, बृहस्पति, शुक्र, शनि, राहु व केतु होते हैं। प्रत्येक ग्रह के लिए एक अंक निर्धारित है, जो उस पर अपना पूर्ण प्रभाव रखता हैं। प्रत्येक अंक का एक स्वामी ग्रह होता है। जैसे सूर्य '1' अंक का स्वामी है। चन्द्र '2' अंक का स्वामी है। बृहस्पति '3' का स्वामी है। राहु '4' अंक का स्वामी है। बुध अंक '5' का स्वामी है। शुक्र '6' अंक का स्वामी है। केतु '7' अंक का स्वामी है। शनि '8' अंक का स्वामी है। मंगल '9' अंक का स्वामी है।

पाश्चात्य देशों के विद्वान्ों ने सूर्य, चन्द्र, मंगल, बुध, बृहस्पति, शुक्र, व शनि के अतिरिक्त हर्षल (Uranus) व वरुण (Neptune) को नवग्रहों में सम्मिलित किया है, लेकिन भारतीय ज्योतिष के अनुसार सूर्य से शनि के अतिरिक्त राहु/केतु को नवग्रहों में शामिल किया गया है। हर्षल ग्रह को सबसे पहले (हर्षल) नामक वैज्ञानिक ने संसार से परिचय कराया था, जिसके कारण इसका नाम 'हर्षल' रखा गया है।

बच्चा जब पृथ्वी पर जन्म लेता है, उस समय आकाश में भ्रमण करते हुए ग्रहों के आधार पर जातक की जन्म-कुण्डली (Horoscope) बन जाती है और बच्चे का जन्म जिस तिथि पर होता है, उसके स्वामी ग्रह के अनुसार बच्चे का व्यक्तित्व निर्धारित हो जाता है, जिसका प्रभाव बच्चे के सम्पूर्ण जीवन में रहता है। व्यक्ति

का स्वभाव, सोच, चरित्र, व्यवहार, प्रसिद्धि, शक्ति, खान-पान, रहन-सहन, इच्छाएँ, व्यवसाय, आर्थिक स्थिति उसके मूलांक व स्वामी ग्रह से प्रभावित होती हैं।

सभी अंक शुभ हैं, लेकिन कभी-कभी कोई विशेष अंक किसी एक व्यक्ति/राष्ट्र के लिए शुभ हो सकता है। अंकों का महत्त्व उनकी शुभता व अशुभता द्वारा ज्ञात किया जा सकता है। जैसे यूरोप में 13 के अंक को अशुभ माना जाता है, क्योंकि ईसा के बलिदान से पहले भोज में शामिल 13 लोग थे।

भारतवर्ष में 108 का अंक शुभ माना जाता है। ज्योतिष में भ्रचक को 12 राशियों में बाँटा गया है और ब्रह्माण्ड में 9 ग्रह होते हैं। अतः 12X9=108 अंक में ब्रह्माण्ड समा गया प्रतीत होता है। इस्लाम में '786' नम्बर को बहुत शुभ माना जाता है, जिसका धार्मिक महत्त्व भी अधिक है।

नक्षत्रों की संख्या 27 होती हैं और प्रत्येक नक्षत्र के चार चरण होते हैं 27X4=108 सभी ग्रह 27 नक्षत्रों के चारों चरणों को पार करते हुए ही भ्रचक की यात्रा पूरी करते हैं। इसलिए भारत में 108 का अंक बहुत पवित्र माना जाता है। जप की माला में 108 मनके होते हैं, क्योंकि 108 बार मन्त्र का जाप करने से उसमें देवताओं का आशीर्वाद प्राप्त होता है अतः सभी अर्थों की सिद्धि और स्वार्थ सिद्धि के लिए 108 मनकों की माला का प्रयोग करना चाहिए।

पृथ्वी से चन्द्रमा की दूरी लगभग 3,56,400 किलोमीटर है। एक वर्ष में 12 महीने व 365 दिन होते हैं। एक दिन में 24 घण्टे होते हैं, एक घण्टे में 60 मिनट होते हैं, एक मिनट में 60 सेकण्ड होते हैं। अंक ही मानव-जीवन का आधार हैं। पाइथागोरस बहुत प्रसिद्ध विद्वान् व गणितज्ञ थे। पाइथागोरस के अनुसार, संसार की सभी चल/अचल रचनाओं, मनुष्य, जीव-जन्तु व प्राणियों का स्वामी अंक है। विश्व के सभी निर्माण अंकों पर आधारित हैं।

इस प्रकार सूर्य के मन्त्रों की जप संख्या 7000, चन्द्रमा के मन्त्रों की जप संख्या 11000, मंगल के मन्त्रों की जप संख्या 10000, बुध के मन्त्रों की जप संख्या 9000, बृहस्पति के मन्त्रों की जप संख्या 16000, शुक्र के मन्त्रों की जप संख्या 16000, शनि के मन्त्रों की जप संख्या 23000, राहु के मन्त्रों की संख्या 18000, और केतु के मन्त्रों की जप संख्या 17000 होती है।

हमारे जीवन में संख्याओं का बहुत अधिक महत्त्व है। शुभ अवसरों पर भेंट राशि में 1 रुपया बढ़ा दिया जाता है, जैसे आप पाँच सौ एक रुपये भेंट करते हैं। अशुभ अवसरों पर पूर्ण संख्या ही दी जाती है जैसे 10, 20, 50, 100, 500 इत्यादि। तब एक की संख्या नहीं बढ़ायीं जाती है। भगवद् गीता में 18 अध्याय हैं, पुराणों की संख्या 18 है। गणेश जी की चतुर्थी, सूर्य की सप्तमी, दुर्गा जी की अष्टमी मनायी जाती है। मन्त्रों की जप संख्या, माला के मनकों की संख्या अंकों पर आधारित है। संसार के सभी रहस्य अंकों में ही छिपे हैं।

अंकों की एक निश्चित गति होती है। एक दो घटनाएँ हों, तो संयोग कहकर टाली जा सकती हैं, पर जीवन की सभी महत्त्वपूर्ण घटनाएँ एक विशेष क्रम में घटित होती हैं, तो यह मानना पड़ता है कि अंकों का रहस्य वास्तव में एक रहस्य ही है।

वास्तव में ज्योतिष और हस्तरेखा जितने कठिन विषय हैं, अंक विद्या उतनी ही सरल। पाठकों को चाहिए कि वे अपने बीते जीवन की कुछ घटनाओं को क्रम से लिख लें। आप स्वयं देखेंगे कि आपका पूरा जीवन एक विशेष अंक के प्रभाव में गतिशील हैं। जीवन के हर मोड़ पर वह अंक दस्तक देता है। जीवन की हर महत्त्वपूर्ण घटना में उसका दख़ल है। आप उस अंक की पहचान करें। हर अच्छे कार्य के लिए उस अंक का उपयोग करें। आप देखेंगे कि आपका जीवन पहले की अपेक्षा ज़्यादा सरल, ज़्यादा सुखी, ज़्यादा सुविधामय हो गया है।

✾ ❋ ✾

२

अंक ज्योतिष एवं ग्रह चक्र

भारतीय ज्योतिष में मूल रूप से नौ ग्रह माने गये हैं। इन सभी ग्रहों के व्यक्तिगत अंक भी हैं, जो उस ग्रह का प्रतिनिधित्व करते हैं। नीचे ग्रह उससे सम्बन्धित अंक और ग्रह चक्रों के बारे में बताया जा रहा है।

सूर्य	:	1
चन्द्र	:	2
गुरु	:	3
राहु	:	4
बुध	:	5
शुक्र	:	6
केतु	:	7
शनि	:	8
मंगल	:	9

अंकों के माध्यम से ग्रह चक्र जानने के लिए चार रेखाएँ सीधी तथा चार आड़ी रेखाएँ खींचकर एक चक्र बनाया जाता है। इस प्रकार यह नौ खण्डों का चक्र जन्म-कुण्डली कहा जाता है।

इन नौ खण्डों में नौ ग्रहों की स्थिति स्पष्ट है।

5	3	7
6	1	8
2	9	4

ऊपर बनाये गये चक्र में बीच का जो भाग है, वह सूर्य ग्रह के लिए सुरक्षित है। सूर्य से सम्बन्धित अंक 1 है, इसलिए बीच के भाग में 1 लिखा है। इस प्रकार तीन-तीन ग्रहों की तीन पंक्तियाँ बन गयी हैं। ये पंक्तियाँ इस प्रकार हैं—

पहली पंक्ति– बुध   गुरु   केतु
दूसरी पंक्ति– शुक्र   सूर्य   शनि
तीसरी पंक्ति– चन्द्र   मंगल   राहु

इन तीन पंक्तियों में पहली पंक्ति अर्थात् बुध, गुरु तथा केतु की पंक्ति मानसिक शक्ति का प्रतिनिधित्व करती है।

दूसरी पंक्ति शुक्र, सूर्य तथा शनि शारीरिक शक्ति का प्रतिनिधित्व करती है।

तीसरी पंक्ति चन्द्र, मंगल तथा राहु आत्मिक शक्ति का प्रतिनिधित्व करती है।

इस प्रकार इस चक्र से मानसिक, शारीरिक तथा आत्मिक शक्तियों का पारस्परिक सम्बन्ध बनता है।

अंक ज्योतिष में भविष्य फल जानने के लिए जन्म-तारीख़ का उपयोग किया जाता है। जन्म तारीख़ से जन्म-कुण्डली या ग्रह चक्र बनाने के लिए निम्नलिखित बातों का ध्यान रखना चाहिए-

- किसी जातक की जन्म-तिथि उसकी जन्म-कुण्डली या ग्रह चक्र बनाते समय उसके जन्म की शताब्दी के अंकों का प्रयोग नहीं किया जाता। उदाहरण के तौर पर यदि किसी जातक की जन्म-तिथि 20-11-1968 है, तो इसे 20-11-68 ही लिखा जायेगा, सन् के साथ 19 लिखने की आवश्यकता नहीं है।
- जन्म-तिथि में कोई एक (1) अगर दोबारा आता है, तो उसे एक ही बार गिना जाता है। जैसे किसी जातक का जन्म 12-4-94 को हुआ है, तो यहाँ 4 के अंक को दो बार प्रयोग हुआ है। जन्मचक्र में 4 का अंक एक ही बार गिना जायेगा।
- शून्य के अंक की गणना नहीं की जाती।
- प्रत्येक अंक की विशेषताएँ निम्नलिखित हैं-

अंक विशेषताएँ

1. व्यक्तिगत स्वतन्त्रता, गर्व, अहं, वैयक्तिकता।
2. परिवर्तन, सहृदयता, दया, प्रेम, यात्रा।
3. बुद्धि, ज्ञान, सूझबूझ, विद्वता, धन।
4. पैसों से सम्बन्धित, लॉटरी, व्यावहारिकता, घमण्ड।
5. चतुरता, विवेक, भाषा, विज्ञान, गणितीय ज्ञान।
6. कला, संगीत, अभिनय, चित्र, सुन्दरता, काव्य, सामाजिकता, प्रेम।
7. प्रसिद्धि, उन्नति, प्रभाव, हिम्मत, शारीरिक शक्ति।
8. भ्रष्टाचार, बीमारी, मृत्यु, हानि, शिकार, दुर्घटना।
9. स्वतन्त्रता, चालाकी, आग, जोखिम।

अब इस तिथि से आप ग्रह चक्र बनाने की विधि पर ग़ौर कीजिए।

मान लीजिए कि किसी व्यक्ति का जन्म 21-4-1935 है, तो ग्रह-चक्र निम्नलिखित प्रकार से होगा।

5	3	
	1	
2		4

इस चक्र से निम्न बातें स्पष्ट होती हैं।

1. जन्म-तारीख़   21-4-35
2. कुल योग $2+1+4+3+5=15=1+5=6$
3. ग्रह-सम्बन्ध   बुध-गुरु
   पहले स्तर पर : गुरु-सूर्य
4. ग्रह-सम्बन्ध   बुध-चन्द्र
   दूसरे स्तर पर : चन्द्र-राहु

यहाँ ध्यान में रखने वाली बात यह है कि जो अंक बिल्कुल पास-पास होते हैं, उन दोनों अंकों या ग्रहों के सम्बन्ध पहले स्तर के कहलाते हैं, जबकि दो अंकों के बीच खाली स्थान हो, पर एक ही पंक्ति में हों, तो वे दूसरे स्तर पर के कहलाते हैं।

किसी भी जातक के जीवन में पहले स्तर के ग्रहों के सम्बन्ध का प्रभाव ज़्यादा रहता है।

ऊपर के चक्र से जातक का भविष्य फल कुछ यों होना चाहिए।

फल

इस ग्रह-चक्र में पहले स्तर के दो ग्रह-सम्बन्ध बने हैं, बुध-गुरु तथा गुरु-सूर्य के।

➥ किसी जातक की कुण्डली में बुध तथा गुरु का फल कुछ यों होता है-बुध जहाँ चतुराई, विवेक, तथा सूक्ष्म बुद्धि देने में समर्थ है, वहीं गुरु विद्वता व धन देने का परिचायक है। इसलिए बिना किसी सन्देह के कहा जा सकता है कि इस जातक की आजीविका का आधार गुरु होगा। शिक्षा व विद्वता के माध्यम से यह धन कमायेगा तथा समाज में सम्मान हासिल करेगा।

➥ गुरु-सूर्य की युति का फल कुछ यों होता है-सूर्य व्यक्तिगत स्वतन्त्रता का प्रतिनिधि ग्रह है, वहीं गुरु बुद्धि एवं ज्ञान का। इसलिए यह जातक अपने जीवन में बुद्धि तथा ज्ञान के बल पर समाज में ऊँचा उठेगा, और साथ ही साथ अपनी व्यक्तिगत महत्ता रखने में कामयाब होगा।

➥ बुध-चन्द्र की युति का फल कुछ यों होता है-'बुध' विवेक का परिचायक है। 'चन्द्र' दया, प्रेम, सहृदय तथा परोपकारी बना रहेगा। अपने विवेक से यह किसी का भी अहित नहीं करेगा। सच्चरित्रता के क्षेत्र में यह व्यक्ति समाज में गौरवपूर्ण स्थान प्राप्त करेगा।

➥ चन्द्र-राहु की युति का फल कुछ यों होता है-राहु पर्यवेक्षण-शक्ति (Observation Power) तथा व्यावहारिकता देता है, वहीं चन्द्र सहृदयता

तथा दया, प्रेम। भावनाओं के क्षेत्र में यह व्यक्ति अन्धा नहीं होगा, बल्कि अपने सारे कार्य सोच-समझकर अपने विवेक से करेगा।

विशेष

- ➡ जातक की जन्म-तिथि का कुल योग 6 आया है, जिसका प्रतिनिधि ग्रह शुक्र है। अतः शुक्र से सम्बन्धित तथ्यों का इसके जीवन पर पूरा-पूरा प्रभाव रहेगा। संगीत, काव्य तथा सामाजिकता के क्षेत्र में यह पूरी रुचि लेगा। इसके जीवन में जब-जब शुक्र की दशा आयेगी, यह जातक उन्नति करेगा।
- ➡ जीवन में 6 अंक काफ़ी महत्त्व रखेगा। 6, 15, 24, 33, 42, 51 तथा 60 वें वर्ष इस जातक के लिए महत्त्वपूर्ण होंगे क्योंकि इन सभी वर्षों का योग 6 है। इसी प्रकार प्रत्येक महीने की 6, 15 तथा 24वीं तारीख़ें भी इस जातक के लिए अनुकूल साबित होंगी।
- ➡ 2, 4, 6, तथा 9 के अंक, 6 के अंक के मित्र अंक हैं, इसलिए ये तारीख़ें भी इसके लिए अनुकूल रहेंगी।
- ➡ 1, 3, 5, 7 तथा 8 के अंक, 6 अंक के शत्रु हैं। इसलिए जहाँ तक हो सके, इस जातक को कोई भी महत्त्वपूर्ण कार्य इन तारीख़ों में शुरू नहीं करने चाहिए।
- ➡ 6 का अंक शुक्र का अंक है। अतः इस जातक के लिए सफ़ेद वस्त्र अनुकूल रहेंगे तथा शुक्रवार उन्नति के लिए शुभ कहा जा सकता है।

इसी तरीक़े से हम और किसी और जातक की जन्म-तिथि का ग्रह-चक्र ऐसे बना सकते हैं। मान लीजिए उस जातक की जन्म-तिथि 8-4-33 है।

इसका ग्रह-चक्र ऐसे बनेगा।

	3	
		8
		4

योग=18=9

ग्रह-सम्बन्ध : शनि-बुध

प्रिय पाठकों! मैं समझता हूँ कि अब आपको इस जातक के ग्रह चक्र से इसके बार में भविष्यवाणी करने में कोई परेशानी नहीं होगी। अब ऊपर बताये तरीक़ों से इसका व्यक्तित्व, आजीविका तथा अन्य बातें बड़ी आसानी से जान सकते हैं।

३

नाम के पहले अक्षर का महत्त्व

किसी व्यक्ति का नाम उसके लिए बहुत महत्त्वपूर्ण होता है। नाम के अक्षरों से व्यक्ति के सामान्य गुणों, प्रकृति तथा स्वभाव आदि के बारे में काफ़ी कुछ जाना जा सकता है। नाम के पहले अक्षरों से राशि जानकर उसके बारे में भविष्यवाणी करना न केवल भारत, बल्कि विदेशों में भी काफ़ी प्रचलित है।

प्रथम अक्षर A

अँग्रेज़ी वर्णमाला का यह पहला अक्षर है। अंक विज्ञान के अन्तर्गत इसे 1 अंक प्राप्त है। इसके प्रभाव से आप काफ़ी उत्साही, स्वतन्त्र विचारधारा वाले तथा सद्गुणी हैं। आप भावनाओं को काफ़ी महत्त्व देते हैं, इसी वजह से आपकी किसी से मित्रता सहज ही हो जाती है। आपके विचार रचनात्मक होते हैं विध्वंसात्मक नहीं।

आपकी प्रवृत्ति रचनात्मक है। किसी भी बात को समझने की आपमें तीव्र शक्ति है। आप अपनी बात पर अडिग रहते हैं। यदि दूसरा व्यक्ति आपको साफ़ और स्पष्ट ढंग से अपनी बात समझाने का प्रयास करता है, तो आप उसे जल्दी समझ लेते हैं। आप काफ़ी साहसी और निर्भीक हैं। दूसरों को अपनी ओर आकर्षित करने की आपमें अपार क्षमता है। आप अपने मित्रों व सम्बन्धियों को बहुत महत्त्व देते हैं तथा उनके दुःख में अवश्य सम्मिलित होते हैं। आप जो भी कार्य करते हैं, उसमें चोटी तक पहुँचने का प्रयास करते हैं। अपने जीवन में आपको काफ़ी सफलताएँ प्राप्त होती हैं।

प्रथम अक्षर B

अँग्रेज़ी वर्णमाला का यह दूसरा अक्षर है। अंक विज्ञान के अन्तर्गत इसे 2 अंक प्राप्त है। इस अक्षर के प्रभाव से आप काफ़ी संकोची व अन्तर्मुखी हैं। आप सोचते ज़्यादा है और बातें कम करते हैं। शान्ति से रहना व दूसरों का सम्मान करना आपके मौलिक गुण हैं। आप अपने काम को बहुत महत्त्व देते हैं तथा हमेशा व्यस्त रहने का प्रयास करते हैं।

संकोची स्वभाव का होने से आपकी मित्रता बहुत कम लोगों से होती है। आप शीघ्रता से किसी पर विश्वास नहीं करते। आप प्रायः बहुत अधिक लोगों से मिलने अथवा अपनी जान-पहचान बढ़ाने का प्रयास नहीं करते। अपने सम्पर्कों के माध्यम से उठाये जा सकने वाले लाभ भी लेना आप पसन्द नहीं करते। वैज्ञानिक विषयों तथा अनुसन्धान सम्बन्धी कार्यों में आपकी विशेष रुचि होती है। आप अपने दिल

की बात किसी को नहीं बताते। प्रायः आपके अधिकांश कार्यों का लाभ दूसरे व्यक्ति उठाते हैं। समूह में काम करके आप प्रसन्न रहते हैं।

प्रथम अक्षर C

अँग्रेज़ी वर्णमाला का यह तीसरा अक्षर है। अंक विज्ञान में इसे 3 अंक प्राप्त है। इस अक्षर के प्रभाव के कारण आप काफ़ी दृढ़ निश्चयी तथा स्थिर बुद्धि वाले व्यक्ति हैं। अगर आपको किसी भी काम की धुन लग जाती है, तो आप उसे पूरा करके ही दम लेते हैं। आपकी बात पत्थर की लकीर होती है। आप अपनी कही किसी बात से नहीं मुकरते।

आपका मस्तिष्क निरन्तर क्रियाशील रहता है और कुछ न कुछ योजनाएँ बनाता रहते हैं। चूँकि आप दूरदर्शी भी होते हैं, इसलिए आपकी योजनाएँ सोलह आने सही उतरती हैं। दूसरों को अपनी बात समझाने की आपमें अद्भुत क्षमता है।

प्रथम अक्षर D

अँग्रेज़ी वर्णमाला का यह चौथा अक्षर है। अंक विज्ञान के अन्तर्गत इसकी संख्या 4 है। इसके प्रभाव से आप जिस कार्य में हाथ डालते हैं, उसे सफल और पूरा करके ही छोड़ते हैं। विपरीत परिस्थितियों एवं बाधाओं के आ जाने पर भी आप ज़रा भी विचलित नहीं होते है। अपने लक्ष्य की ओर निरन्तर बढ़ते रहना आपका सर्वश्रेष्ठ गुण है।

बहुधा आप कम बोलते हैं, परन्तु जो भी बोलते हैं, वह काफ़ी प्रभावशाली होता है। आपकी बातों में पूर्ण आत्मविश्वास होता है। अपने मान-सम्मान और प्रतिष्ठा के प्रति आप काफ़ी सजग रहते हैं। आप न तो किसी के सम्मान को ठेस पहुँचाते हैं और न ही अपने स्वाभिमान पर ठेस पहुँचने देते हैं। अपने सगे-सम्बन्धियों तथा छोटे भाई-बहनों से आप बेहद स्नेह रखते हैं। उनके लाभ के लिए आप अपने हितों का त्याग बड़ी सरलता से कर देते हैं।

प्रथम अक्षर E

अँग्रेज़ी वर्णमाला का यह पाँचवाँ अक्षर है। अंक विज्ञान के अन्तर्गत इसे 6 अंक का दर्जा प्राप्त है। इसके प्रभाव के कारण आप काफ़ी स्वतन्त्र विचारधारा के व्यक्ति हैं। अपनी स्वतन्त्रता के साथ-साथ आप दूसरों की स्वतन्त्रता के पक्षधर हैं। गोपनीयता जैसी आपमें कोई बात नहीं। आपके सामने चाहे कितना ही ऊँचा और प्रतिष्ठित व्यक्ति खड़ा हो, बेलाग व दो टूक बात कह देना आपका स्वभाव है। आप सच बोलने में यक़ीन रखते हैं। आप न तो अपना काम सिफ़ारिश से करवाते हैं और न ही दूसरों के दबाव में आते हैं। आप व्यवसाय में अधिक सफल नहीं हो पाते, क्योंकि आप अपने गोपनीय रहस्यों को प्रकट कर देते हैं।

अपने कार्य आप पूरी योजना से करते हैं। अपने कार्य में आप नयी-नयी तकनीकें अपनाने से नहीं चूकते। पूरी लगन और तन्मयता से कार्य करने की वजह से आपको ज़्यादतर सफलताएँ मिलती हैं। साझेदारी के व्यवसाय में आपको कुछ

कड़वे अनुभव प्राप्त होते हैं। अपने वैवाहिक-जीवन में भी आपको क़दम-क़दम पर समझौता करना पड़ता है। समाज में आपको काफ़ी मान-सम्मान प्राप्त होता है।

प्रथम अक्षर F

अँग्रेज़ी वर्णमाला का यह छठा अक्षर है। अंक विज्ञान के अन्तर्गत इसकी संख्या 8 है। इसके प्रभाव के कारण आप अपने घर की ओर पूरा ध्यान देते हैं, परिवार को सुचारु रूप से चलाना आप अपना नैतिक कर्तव्य मानते हैं। आप अपने मित्रों व पारिवारिक सदस्यों को हमेशा खुश रखने की कोशिश करते हैं।

अनैतिकता के लिए आपके जीवन में कोई स्थान नहीं। आप प्रेम, सच्चाई, मधुरता, परोपकार आदि जीवन-मूल्यों को हमेशा श्रेष्ठ स्थान देते हैं। आप काफ़ी दयावान हैं। आप अपने सहयोगी व अधीनस्थ कर्मचारियों की सभी आवश्यकताओं को पूरा करने का प्रयास करते हैं।

प्रथम अक्षर G

अँग्रेज़ी वर्णमाला का यह सातवाँ अक्षर है। अंक विज्ञान के अन्तर्गत इसकी संख्या 3 है। इस अंक से प्रभावित होने के कारण सादगी, सच्चाई, ईमानदारी और शिष्टता आपके जीवन के महत्त्वपूर्ण अंग हैं। आपके व्यक्तित्व में कुछ ऐसा आकर्षण है कि लोग आपकी तरफ़ खिंचे चले आते हैं। आप अपने सारे कार्य योजनाबद्ध तरीक़े से करते हैं। किसी भी कार्य से पहले आपके दिमाग़ में पूरी योजना बैठ जाती है, उसके बाद आप उस पर अमल करते हैं।

आप दृढ़ निश्चयी हैं और धन अर्जित करने में काफ़ी दक्ष हैं। जीवन में प्रगति करने के आपको कई मौक़े मिलते हैं तथा आप उनका पूरा लाभ उठाते हैं। नैतिक मूल्यों को आप अधिक बल देते हैं। अपने से बड़ों का सम्मान करना आपकी विशिष्ट विशेषता है।

प्रथम अक्षर H

अँग्रेज़ी वर्णमाला का यह आठवाँ अक्षर है। अंक विज्ञान के अन्तर्गत इसकी संख्या 5 है। इस अंक से प्रभावित होने के कारण आप काफ़ी महत्त्वाकांक्षी, समझदार तथा बुद्धिमान हैं। प्रदर्शनप्रिय होने के साथ-साथ आपमें ऊँचे उठने की महत्त्वाकांक्षा भी प्रबल होती है। आप अपने सभी कार्य पूरे मन से करते हैं। यदि आप व्यस्त न भी हों, तो व्यस्त होने का दिखावा करते हैं।

जीवन की वास्तविकताओं को आप अच्छी तरह से जानते हैं। आप जो ठान लेते हैं, उसे पूरा करके ही दम लेते हैं। आप सबकी बात सुनते हैं, लेकिन करते अपने मन की हैं। आपकी सफलता का एक कारण यह भी है। जब कभी आपको अपने कार्य के प्रति शंका होती है अथवा उसे पूरा करने में आपके मन में सन्देह होता है, तो आपका वह कार्य पूरा नहीं होता। आपके लिए आशावादी होने परम आवश्यक है। सामाजिक दृष्टि से आप सफल एवं उन्नतिशील कहे जाते हैं।

प्रथम अक्षर I

अँग्रेज़ी वर्णमाला का यह नौवाँ अक्षर है। अंक विज्ञान के अन्तर्गत इसे 1 अंक प्राप्त है। इसके प्रभाव के कारण आप काफ़ी फुर्तीले तथा मेहनती हैं। कलात्मक वस्तुओं का आपको काफ़ी शौक़ है। आप स्वयं एक अच्छे कलाकार है। आप सभ्य, सुसंस्कृत, भावुक तथा ईमानदार व्यक्ति है।

हर समय हर कार्य में तत्परता आपके जीवन का विशेष गुण है। न तो आलस्य आपके पास फटकता है और न ही आप अपने मातहतों को आलसी देख सकते हैं। आपका ज्ञान काफ़ी गहरा होता है। आप प्रत्येक विषय को पूरा-पूरा समझने का प्रयास करते हैं। आपकी प्रत्येक बात में वज़न होता है। आप एक कुशल वक्ता हैं। प्रायः काफ़ी सोच-समझकर और गम्भीर वाणी बोलते हैं। आपके परिवार तथा जान-पहचान के लोग आपकी भावनाओं की क़द्र करते हैं।

प्रथम अक्षर J

अँग्रेज़ी वर्णमाला का यह दसवाँ अक्षर है। अंक विज्ञान के अन्तर्गत इसकी संख्या 1 है। इसके प्रभाव के कारण आप काफ़ी स्वतन्त्र विचारधारा के हैं। आप न्यायप्रिय, ईमानदार तथा मेहनती है। मौलिकता आपके जीवन की विशेषता है। संसार में होने वाली घटनाओं का तमाम ज्ञान रखते हैं। आपसे बातचीत करते समय ऐसा प्रतीत होता है मानो ज्ञान के सागर में डुबकियाँ लगा रहे हैं। छोटी-छोटी बातों पर ज़रा भी ध्यान नहीं देते। समाज के निम्न वर्ग की सहायता करना अथवा अपने से निचले स्तर के लोगों का पूरा सहयोग करना आपकी ख़ास विशेषता है। आपको अपने दाम्पत्य-जीवन में प्रायः कठिनाइयों का सामना पड़ता है।

आप खरी बात कहने में यक़ीन रखते हैं, इसी वजह से कई लोग आपके क़रीब नहीं आते। आपकी मानसिक स्थिति इस प्रकार की होती है कि स्वार्थ की भावना प्रायः सबसे पीछे होती है।

प्रथम अक्षर K

अँग्रेज़ी वर्णमाला का यह ग्यारहवाँ अक्षर है। अंक विज्ञान में इसे 2 का दर्जा प्राप्त है। आप पूरी तरह से संघर्षशील कहे जा सकते हैं। आपके जीवन में जितने उतार-चढ़ाव आते हैं, उतने किसी और के जीवन में नहीं आते। आप सृजनात्मक शक्ति वाले व्यक्ति हैं। जीवन के शुरुआती दौर में आपको काफ़ी संघर्ष करना पड़ता है, जिसका फल आपको काफ़ी देर बाद मिलता है।

आपके जीवन में आकस्मिक घटनाएँ विशेष रूप से घटती रहती हैं। एक दिन सर्वोच्च चोटी पर हैं, तो दूसरे ही दिन आपको खड्ड में गिरे हुए भी देखा जा सकता है। आप निराशावादी व्यक्ति हैं। किसी भी कार्य के अँधेरे पक्ष को आप पहले देखते हैं। साझेदारी का व्यवसाय आपके लिए अधिक उपयुक्त नहीं होता। चूँकि

आप भावुक क़िस्म के होते हैं, इसलिए दाम्पत्य-जीवन में आपको कई कठिनाइयों का सामना करना पड़ता है।

प्रथम अक्षर L

अँग्रेज़ी वर्णमाला का यह बारहवाँ अक्षर है। अंक विज्ञान में इसकी संख्या 3 होती है। इसके प्रभाव से आप दार्शनिक व भावुक प्रवृत्ति के व्यक्ति हैं। विचारों से आप सुलझे हुए तथा आपके कार्य श्रेष्ठ सिद्ध होते हैं। आपके सारे काम योजनाबद्ध होते हैं। आप काफ़ी बुद्धिमान हैं। दूसरों की बात को ध्यान से सुनना व समझना तथा अन्त में अपने कार्य करना आपके चरित्र की विशेषता है। आपका व्यक्तित्व अन्तर्मुखी है। आप लोगों से जल्दी घुलमिल नहीं पाते।

अपने कार्यों, विचारों तथा गुणों से आप उच्चतर एवं उत्तम पद पर जा पहुँचते हैं, इसमें कोई सन्देह नहीं।

प्रथम अक्षर M

अँग्रेज़ी वर्णमाला का यह तेरहवाँ अक्षर है। अंक विज्ञान के अन्तर्गत आपको 4 अंक प्राप्त है। इससे प्रभावित होने के कारण आप सादगी पसन्द, सदाचारी तथा बहिर्मुखी हैं। कभी-कभी आप जीवन की विकट परिस्थितियों से काफ़ी घबरा जाते हैं और विद्रोह करने के बारे में सोचते हैं। आपकी सादगी आपके लिए एक अभिशाप है। विचारों से पवित्र होने के कारण आप दूसरों से खरी-खरी बात कहने में नहीं चूकते।

आपके परिवारजन को आपसे यही शिकायत रहती है कि वे आपकी भावनाओं को नहीं समझते। अपने जीवन में आपको बहुत उतार-चढ़ाव देखने पड़ते हैं। गोपनीय बनने का आप प्रयत्न करते हैं, पर यही निभता नहीं। आपके व्यक्तित्व के चारों ओर रहस्य का एक पर्दा-सा पड़ा रहता है।

आपको लेकर अकसर लोग भ्रम की स्थिति में आ जाते हैं। यदि आप ग़रीब भी होते हैं, तो भी लोग आपको धनवान होने का भ्रम पाले रहते हैं।

प्रथम अक्षर N

अँग्रेज़ी वर्णमाला का यह चौदहवाँ अक्षर है। अंक विज्ञान के अन्तर्गत आपको अंक 5 का दर्जा प्राप्त है। इससे प्रभावित होने के कारण आपका जीवन काफ़ी संघर्षशील होता है। आपको जीवन में बार-बार रुकावटों का सामना करना पड़ता है। ऐसा लगता है कि आपके ज़्यादातर कार्य बिना विघ्न-बाधाओं के पूरे नहीं होते। विपरीत परिस्थतियों में आप ज़रा भी नहीं घबराते। आपमें साहस कूट-कूटकर भरा है।

आपका व्यक्तित्व कुछ ऐसा है कि आप अपरिचित से अपरिचित व्यक्ति को अपना मित्र बना लेते हैं और जिनसे एक बार आपकी दोस्ती कायम हो जाती है, उससे उम्र भर का सम्बन्ध निभाते हैं। आप अपनी सारी ज़िम्मेदारियाँ अच्छी तरह से निभाते हैं।

सादगीपूर्ण सरल जीवन, विचारों में श्रेष्ठता, सहयोग एवं सम्मान आपके विशिष्ट गुण कहे जा सकते हैं।

प्रथम अक्षर O

अँग्रेज़ी वर्णमाला का यह पन्द्रहवाँ अक्षर है। अंक विज्ञान के अन्तर्गत आपकी संख्या 7 है। इसके प्रभाव से आपकी प्रवृत्ति धार्मिक तथा चरित्र उच्च है। आप काफ़ी साहसी हैं तथा विभिन्न योजनाओं को अपनी ज़िम्मेदारी से पूर्ण करने का संकल्प सहजता से लेते हैं। अपनी निरन्तर तथा अथक मेहनत के कारण आप अधिकांश योजनाओं को पूरा करने में सफल होते हैं। यदि आपको असफलता भी मिलती है, तो भी आप हिम्मत नहीं हारते और पूरे मन से कार्य करके सफलता प्राप्त करते हैं।

आपके मित्रों की संख्या काफ़ी होती है, परन्तु आपके शत्रु या विरोधी भी कम नहीं होते। आपकी महत्त्वाकांक्षाएँ उच्च होती है तथा जल्द-से-जल्द ऊपर उठने की भावना भी आपमें विशेष रूप से पायी जाती हैं। आपके जीवन का उत्तरार्द्ध अपेक्षाकृत सुखी एवं सम्पन्न होता है।

प्रथम अक्षर P

अँग्रेज़ी वर्णमाला का यह सोलहवाँ अक्षर है। अंक विज्ञान के अन्तर्गत इसकी संख्या 8 होती है। इससे प्रभावित होने के कारण आप काफ़ी अन्तर्मुखी तथा शान्त होते है। आप चाहे कितनी भी कठिन परिस्थितियों में से गुज़र रहे हों, अपने चेहरे पर मुस्कराहट बनाये रखने में आप माहिर हैं।

आप अपने जीवन के अनेक रहस्यों को अपने भीतर छिपाकर चलने में सिद्धहस्त हैं। ऊपर से शान्त बने रहना तथा सभी के दुःख-सुख में शरीक़ होने वाले आप जैसे व्यक्ति ही जीवन की श्रेष्ठता का प्रतिनिधित्व करते हैं। आपके विचार पूरी तरह से साफ़ होते हैं और आप किसी की निन्दा सुनना पसन्द नहीं करते। अन्दर से साफ़ तथा बाहर से मधुर, यही आपके व्यक्तित्व की विशेषता है। स्वयं को नुक़सान पहुँचाकर भी आप अपने मित्रों की सहायता करते हैं। कोलाहल से दूर, शान्त वातावरण में आपका जी रमता है। वास्तव में आप समाज के वास्तविक आभूषण कहलाने में समर्थ होते हैं।

प्रथम अक्षर Q

अँग्रेज़ी वर्णमाला का यह सत्रहवाँ अक्षर है। अंक विज्ञान में इसकी संख्या 1 है। इससे प्रभावित होने के कारण आप काफ़ी बातूनी तथा सत्यवादी हैं। आप जीवन की एक निश्चित राह को अपना लेते हैं तथा उसमें किसी दूसरे की दख़लअन्दाज़ी पसन्द नहीं करते। कोई भी निर्णय लेने में आप माहिर हैं। आप अपने विचार दूसरों पर नहीं थोपते।

आप ऊँचा-से-ऊँचा ओहदा प्राप्त कर लें, फिर भी आपमें घमण्ड नहीं आता। आप अपनी ज़िम्मेदारियों को बड़ी दक्षता से निभाते हैं। अपने कर्मचारियों से काम करवाने में आप सिद्धहस्त हैं। आपका व्यवहार दयालुतापूर्ण तथा नरम होता है।

किसी भी स्तर के व्यक्ति के साथ आप बड़ी शीघ्रता से घुलमिल जाते हैं। अपने जीवनसाथी के प्रति आपका रवैया काफ़ी समझौतापूर्ण होता है। आप दूसरों को दोष देने के बजाय उनके गुणों को महत्त्व देते हैं।

प्रथम अक्षर R

अँग्रेज़ी वर्णमाला का यह अठारहवाँ अक्षर है तथा अंक विज्ञान में इसे संख्या 2 का दर्जा प्राप्त है। इससे प्रभावित होने के कारण आपका व्यक्तित्व प्रभावशाली तथा स्वभाव नरम है। आपका रंग-रूप तथा बातचीत करने का तरीक़ा काफ़ी आकर्षक है। जनसम्पर्क के कार्यों में आप काफ़ी सफल होते हैं। राजनीतिक सम्पर्कों तथा उच्च अधिकारियों के माध्यम से अपने कार्य निकालने, करवाने में पूरी तरह से सक्षम हैं।

अनजान व्यक्तियों को अपना परिचित बना लेना आपके बायें हाथ का खेल है। वास्तव में आप गुणग्राहक हैं। किस व्यक्ति में क्या गुण हैं, आप उसे ग्रहण कर लेते हैं। समाज में आपकी प्रतिष्ठा होती है तथा जीवन ज्यों-ज्यों आगे बढ़ता है, आपको सम्मान, पद, प्रतिष्ठा तथा पैसा अधिकाधिक मिलता जाता है। प्रौढ़ावस्था में आप प्राय: अधिक सुखी होते हैं।

प्रथम अक्षर S

अँग्रेज़ी वर्णमाला का यह उन्नीसवाँ अक्षर है। अंक विज्ञान के अन्तर्गत आपका अंक 3 है। इसके प्रभाव के कारण आप काफ़ी हँसमुख, मिलनसार तथा बहिर्मुखी व्यक्तित्व वाले व्यक्ति हैं। जनसम्पर्क के कार्यों मे आपकी विशेष रूप से रुचि होती है। विभिन्न समारोहों, प्रदर्शनों तथा उत्सवों के अवसर आप हमेशा आगे रहते हैं।

अपने अफ़सर अथवा स्वामी के प्रति आप पूरी तरह से समर्पित होते हैं तथा अपने कार्यों से आप उन्हें अपने प्रति आकर्षित भी कर लेते हैं।

आप निर्णय लेने में थोड़े कमज़ोर हैं। यह कार्य मुझसे होगा या नहीं, इसी ऊहापोह में पड़कर दूसरों से राय लेते हैं और अकसर उन्हीं की सलाह पर अमल करते हैं। इस वजह से आप कई बार नुक़सान भी उठाते हैं।

प्रथम अक्षर T

अँग्रेज़ी वर्णमाला का यह बीसवाँ अक्षर है। अंक विज्ञान के अन्तर्गत इसकी संख्या 4 है। इसके प्रभाव से आप न्यायप्रिय तथा संयमपूर्ण व्यक्ति हैं। अपनी योग्यता और कार्यशैली पर आपको पूर्ण विश्वास होता है। आप अपने लक्ष्यों को निर्धारित करके धीरे-धीरे उनकी ओर आगे बढ़ते हैं। अपने जीवन में प्रगति करने के लिए आप कोई ग़लत तरीक़ा इस्तेमाल नहीं करते। अपनी कार्यक्षमता तथा विवेक के बल पर ही आप प्रगति करना चाहते हैं। आपकी मेहनत से आपको जो भी परिणाम प्राप्त होता है, उससे आप सन्तुष्ट रहते हैं।

आपको अपने आप पर पूरा भरोसा रहता है तथा स्वतन्त्र निर्णय लेने में आप

माहिर हैं। दबकर या किसी के दबाव में आकर अपना मत नहीं बदलते। एक बार आप जो ठान लेते हैं, उसी पर अमल करते हैं।

अपने मित्रों तथा जान-पहचान के लोगों में आप बेहद लोकप्रिय होते हैं तथा अपनी प्रसन्नता में सबको भागीदार बनाते हैं।

प्रथम अक्षर U

अँग्रेज़ी वर्णमाला का यह इक्कीसवाँ अक्षर है। अंक विज्ञान के अन्तर्गत इसकी संख्या 6 है। इससे प्रभावित होने के कारण आपका व्यक्तित्व काफ़ी परिपक्व व सुलझा हुआ है। आप स्पष्टवादी हैं तथा हमेशा सत्य का पक्ष लेते हैं। अपने वर्तमान को बेहतर बनाने के लिए आप प्रयत्नशील रहते हैं, जबकि भविष्य के प्रति आप अधिक चिन्ता नहीं करते। भविष्य के लिए आप ज़्यादा योजनाएँ भी नहीं बनाते।

अपने जीवन में आप काफ़ी धन कमाते हैं। अपने सम्पर्कों के माध्यम से अपने कार्यों को पूरा करवाने की कला में आप माहिर हैं। काफ़ी धन संग्रह करने के बावजूद आपको सन्तुष्टि प्राप्त नहीं होती। आप कुछ ऐसी योजनाओं में धन लगाते हैं, जहाँ से वह कभी वापस नहीं लौटता। हालाँकि ऐसी परिस्थितियों के बारे में आपको पहले से ही आभास हो जाता है, तो भी आप स्वयं को इनसे बचा नहीं पाते। धन का नाश होने पर अधिक चिन्ता करना आपकी आदत नहीं है।

आपका व्यक्तित्व काफ़ी आकर्षक है। अपनी वाणी के प्रभाव से आप दूसरों को अपनी ओर सहज ही आकर्षित कर लेते हैं।

प्रथम अक्षर V

अँग्रेज़ी वर्णमाला का यह बाइसवाँ अक्षर है। अंक विज्ञान के अन्तर्गत इसकी संख्या 6 है। इसके प्रभाव के कारण आप काफ़ी कल्पनाशील, उदार तथा संयमी व्यक्ति हैं। आप काफ़ी बड़ी-बड़ी योजनाएँ बनाने तथा उन्हें योजनाबद्ध तरीक़े से पूरा करने में माहिर हैं। किसी भी बात को समझकर उसकी तह तक पहुँचने में आप काफ़ी कुशल हैं।

आप दूसरों का सम्मान करना जानते हैं और स्वयं भी यह चाहते हैं कि लोग आपका सम्मान करें, आपको आदर दें।

प्रथम अक्षर W

अँग्रेज़ी वर्णमाला का यह तेईसवाँ अक्षर है। अंक विज्ञान के अन्तर्गत इसकी संख्या 6 है। इसके प्रभाव के कारण आप काफ़ी साहसी तथा बहादुर व्यक्ति हैं। रोमांचपूर्ण कार्य करने में आपको विशेष आनन्द की प्राप्ति होती है। आप काफ़ी दृढ़निश्चयी हैं। जिस योजना अथवा कार्य में आपका विश्वास होता है, उसे आप अपनी पूरी लगन से करते हैं और उसमें सफल भी रहते हैं।

आपके शरीर के अंग-प्रत्यंग में फुर्ती भरी रहती है, आलस्य आपको छूता तक नहीं है। कई बार आप मुश्किल से मुश्किल दिखायी देने वाला कार्य भी सम्पन्न करके दिखा देते हैं, जिसकी वजह से आप काफ़ी लोकप्रिय भी होते हैं।

प्रथम अक्षर X

अँग्रेज़ी वर्णमाला का यह चौबीसवाँ अक्षर है। अंक विज्ञान के अन्तर्गत इसकी संख्या 5 है। इससे प्रभावित होने के कारण आपके स्वभाव में बहुत अधिक ज़िम्मेदारी नहीं है। आपकी महत्त्वाकाक्षाएँ भी ज़्यादा नहीं होती। घूमना आपको बेहद पसन्द है। नये-नये स्थानों की यात्रा तथा तात्कालिक मैत्री स्थापित करना आपको अच्छा लगता है। अपने जीवनसाथी पर आप ज़्यादातर कार्यों में निर्भर रहते हैं।

आप लापरवाह क़िस्म के होते हैं। स्वयं ही जाल बुनते हैं और स्वयं ही उसमें उलझते भी हैं। अपनी झूठी शेखी बघारना, गप्पे हाँकना एवं बढ़-चढ़कर प्रदर्शन करना आपका प्रिय विषय है।

प्रथम अक्षर Y

अँग्रेज़ी वर्णमाला का यह पच्चीसवाँ अक्षर है। अंक विज्ञान के अन्तर्गत इसकी संख्या 1 है। इससे प्रभावित होने के कारण आपके व्यक्तित्व में निरालापन है। व्यक्तिगत स्वतन्त्रता के आप प्रेमी हैं। आप किसी भी क़िस्म के बन्धन में बँधना नहीं चाहते हैं और न ही दूसरों को किसी कार्य के लिए मजबूर करते हैं। 'जियो और जीने दो' आपका मूल मन्त्र है।

अपने व्यक्तिगत जीवन में आप सही निर्णय लेने में काफ़ी समय ज़ाया करते हैं। आपके निर्णयों पर आपके पारिवारिक जनों अथवा जीवनसाथी का अधिक प्रभाव होता है। बात करने की आपकी विशिष्ट की शैली है।

प्रथम अक्षर Z

अँग्रेज़ी वर्णमाला का यह छब्बीसवाँ तथा अन्तिम अक्षर है। अंक विज्ञान के अन्तर्गत इसकी संख्या 7 है। इसके प्रभाव से आप काफ़ी साहसी, वीर तथा कूटनीतिज्ञ हैं। अपने महत्त्वपूर्ण कार्यों को केसे करना है, इसकी योजना आप पहले से ही बना लेते हैं और सफल होकर दिखाते हैं।

आपकी आकांक्षाएँ काफ़ी उच्च होती हैं। आप आशावादी हैं और जीवन के उज्ज्वल पक्ष को अधिक महत्त्व देते हैं। आपकी बुद्धि काफ़ी तेज़ है और किसी भी बात अथवा प्रश्न का उत्तर तुरन्त देने की आप क्षमता रखते हैं।

४

आपका नाम आपके लिए शुभ है या अशुभ (नामांक)?

प्रिय पाठको! पिछले अध्यायों के अध्ययन में आप अच्छी तरह से जान गये होंगे कि किसी व्यक्ति की जन्मतिथि से 'मूलांक' तथा जन्मतिथि में महीना व साल जोड़ने से 'भाग्यांक' प्राप्त किया जा सकता है। मूलांक व भाग्यांक को कोई भी नहीं बदल सकता, लेकिन 'नामांक' बदला जा सकता है।

नाम के अक्षरों में बदलकर कुल योग से एक अंक में परिवर्तित अंक को 'नामांक' कहा जाता है। यदि नामांक भाग्यांक के अनुकूल न हो तो ऐसे व्यक्ति अपने जीवन में ऊँचाइयों को छू नहीं पाते हैं और आजीवन संघर्ष करते रहते हैं।

हमारे देश में कुछ व्यक्ति ऐसे भी हैं, जिन्होंने नामों में थोड़ी-बहुत तबदीली करके या फिर अपने नाम बदलकर अपने भाग्यांक के अनुरूप बनाया और सफलता के ऊँचे सोपानों को छूने लगे। इन व्यक्तियों में फ़िल्म अभिनेता अक्षय कुमार (असली नाम राजीव भाटिया), राजेश खन्ना (असली नाम जतिन खन्ना), दिलीप कुमार (असली नाम युसूफ़ खां) मुंशी प्रेमचन्द (असली नाम धनपतराय) तथा प्रसिद्ध कवि नीरज (असली नाम गोपाल दास) के नाम उल्लेखनीय हैं। इन प्रसिद्ध व्यक्तियों के नाम बदलने से इनका भाग्य बदल गया। लेकिन नाम बदलने से पहले असली नाम की शुभता ज़रूर देख लेनी चाहिए। यदि व्यक्ति का प्रचलित नाम उसके भाग्यांक के अनुकूल है, तो उसे अपना नाम बदलने की कोई ज़रूरत नहीं है।

प्रत्येक व्यक्ति के जीवन में नाम का बहुत महत्त्व होता है। नाम कोई भी हो सकता है। नाम यदि एक से ज़्यादा हों, तो प्रचलित नाम, जिसको सुनकर व्यक्ति एकदम ध्यान दे कि उसे कोई पुकार रहा है, उसे ही जातक का नाम माना जायेगा।

भाग्यांक के अनुकूल नामांक को बनाने के लिए नाम के अक्षरों में कुछ अक्षर जोड़कर या घटाकर उसे भाग्यांक के अनुकूल बनाकर जीवन में समृद्धि व शुभ फल की प्राप्ति की जा सकती है।

आज के युग में अंक विज्ञान जिस रूप में प्रचलित है, वह पाश्चात्य विचारों से प्रभावित है। पाश्चात्य अंक-शास्त्रियों ने प्रत्येक अक्षर के अंक निर्धारित किये

हैं, और उसके योग से व्यक्ति के नाम की शुभता-अशुभता का पता लगाया जा सकता है।

पाश्चात्य अंक-शास्त्री 'कीरो' ने प्रत्येक अक्षर के निम्नलिखित प्रकार से अंक निर्धारित किये हैं-

अँग्रेज़ी अक्षर	हिन्दी उच्चारण	अंक
A	ए	1
B	बी	2
C	सी	3
D	डी	4
E	ई	5
F	एफ	8
G	जी	3
H	एच	5
I	आई	1
J	जे	1
K	के	2
L	एल	3
M	एम	4
N	एन	5
O	ओ	7
P	पी	8
Q	क्यू	1
R	आर	2
S	एस	3
T	टी	4
U	यू	6
V	वी	6
W	डब्ल्यू	6
X	एक्स	5
Y	वाई	1
z	ज़ेड	7

आइए एक उदाहरण से नामांकों और भाग्याकों के बारे में समझते हैं। यहाँ मैं अपनी जन्मतिथि और नामांक के बारे में आपको बताता हूँ।

मेरी जन्मतिथि 20-11-1968 है।

मेरा भाग्यांक है-

2+0+1+1+1+9+6+8=28=2+8=1

मेरा नामांक है-

A R U N   S A G A R

1+2+6+5   3+1+3+1+2=24=2+4=6

अब हम नामांकों के आगे दिये जा रहे 6 के फल के बारे में जानते हैं-

नामांक 6 का फल है-

आप दिखने में सुन्दर, आकर्षक एवं कलाप्रेमी हैं। आप मित्रता का पालन करने वाले, अतिथियों की सेवा करने वाले तथा लड़ाई-झगड़े से दूर रहने वाले व्यक्ति हैं।

मेरा भाग्यांक 1 है, जिसका फल है-

भाग्यांक-1

जिन जातकों का भाग्यांक 1 होता है, ऐसे जातक प्रबल भाग्यशाली होते हैं। नेतृत्व इनका जन्मसिद्ध अधिकार है। जीवन में इन्हें यदि प्रशासकीय पद मिल जाये, तो यह सफल प्रशासक सिद्ध होते हैं। इनके दिल में कुछ कर-गुज़रने की चाह होती है और यदि इन्हें उचित अवसर मिल जाये, तो ये करके भी दिखा सकते हैं।

धन कमाने में ये काफ़ी आगे रहते हैं। ये पैसा कमाना भी जानते हैं और उसे अच्छे तरीक़े से ख़र्च करना भी। इन्हें अपने जीवन में धन का अभाव नहीं रहता।

इनके मित्रों का दायरा काफ़ी बड़ा होता है। इनके मित्र इनके सुख-दुःख में पूरी तरह से साथ देते हैं। परन्तु ये अत्यधिक व्यस्त होने की वजह से उन्हें ज़्यादा समय नहीं दे पाते। अपने ख़ाली समय में ये अपने दोस्तों के साथ ही रहना पसन्द करते हैं, क्योंकि वास्तव में ये एकान्त में नहीं रह सकते। एकान्त इन्हें बेहद खलता है।

भाग्यांक 1 वाले जातक सफल प्रशासक भी हो सकते हैं और सफल व्यापारी भी। व्यवस्थापक, मैनेजर तथा नेतृत्व आदि क्षेत्रों में इनकी प्रतिभा पूरी तरह से उजागर होती दिखायी देती है।

मेरी प्रकृति इन दो अंकों जैसी है, इसलिए मेरा नाम मेरे लिए शुभ है। इसमें बदलाव करने की कोई ज़रूरत नहीं है।

अब हम उन अंकों के बारे में जानने का प्रयास करते हैं, जो अरुण सागर के मित्र या शत्रु हो सकते हैं।

नामांकों का आपसी सम्बन्ध

नामांक-1 के लिए शुभ, अशुभ व सम नामांक-

1 शत्रुतापूर्ण
2 ईष्यालु, शत्रुतापूर्ण
3 मित्र, सहायक
4 परेशानी तथा बाधाएँ देने वाला।
5 मित्र
6 ऋणात्मक, व्यय बढ़ाने वाला।
7 मित्र
8 अत्यन्त शत्रु
9 सम (न शत्रु, न मित्र)

नामांक-2 के लिए शुभ, अशुभ व सम नामांक

1 प्रबल शत्रु
2 शुभ
3 सम, न अच्छा, न बुरा
4 मित्र
5 सहायता देने वाला
6 अनुकूल
7 प्रबल शत्रु
8 मित्र
9 शुभ फलदायक

नामांक-3 के लिए शुभ, अशुभ व सम नामांक

1 मित्र
2 शत्रु
3 व्यवधानपूर्ण
4 अतिशत्रु
5 बाधा देने वाला
6 मित्र
7 सम
8 सामान्य शुभ
9 पूर्ण सहायता देने वाला

नामांक-4 के लिए शुभ, अशुभ व सम नामांक

1 अति शत्रु
2 मित्र
3 सम
4 सहायक
5 प्रबल मित्र
6 सम
7 अतिशत्रु
8 सम
9 शत्रु

नामांक-5 के लिए शुभ, अशुभ व सम नामांक

1 मित्र
2 शुभ
3 प्रबल शत्रु
4 सम
5 प्रबल मित्र
6 सम
7 सम
8 शत्रु
9 शत्रु

नामांक-6 के लिए शुभ, अशुभ व सम नामांक

1 मित्र
2 शत्रु
3 सहायक
4 प्रबल शत्रु
5 सम
6 मित्र
7 सामान्य शुभ फलदायक

8 सम
9 सम

नामांक 7 के लिए शुभ, अशुभ व सम नामांक

1 मित्र
2 शत्रु
3 प्रबल सहायक
4 प्रबल शत्रु
5 सामान्य
6 शुभ
7 शत्रु
8 सम
9 सम

नामांक 8 के लिए शुभ, अशुभ व सम नामांक

1 कठिनाइयाँ उत्पन्न करने वाला
2 अनुकूल
3 सम
4 शत्रु
5 मित्र
6 प्रबल सहायक
7 शुभ
8 प्रबल शत्रु
9 ईर्ष्यालु

नामांक 9 के लिए शुभ, अशुभ व सम नामांक

1 मित्र
2 शुभ फलदायक
3 सहायक
4 प्रबल शत्रु
5 अनुकूल
6 सहायक
7 सहायक
8 शत्रु
9 सम

हम अब जान चुके हैं कि नामांक का अन्य नामांकों से क्या सम्बन्ध है। इसके द्वारा हम अपनी पति-पत्नी, प्रेमी-प्रेमिका, साझेदार (Partner) कम्पनी, देश, शहर, आदि के बारे में जान सकते हैं। आपको यह बात अच्छी तरह से समझ में आ जाये, इसके लिए मैं आपके सामने एक पति-पत्नी का उदाहरण रखता हूँ।

मान लीजिए कि किसी पति का नाम 'सागर' और पत्नी का नाम 'सागरिका' है। उन दोनों का आपसी सम्बन्ध केसे होंगे, हम निम्न तरीक़े से जानेंगे।

पति-सागर

SAGAR

1+1+7+1+9=19=1+9=1+0=1

पत्नी-सागरिका

SAGARIKA

1+1+7+1+9+2+1= 22=2+2=4

यहाँ पति का नामांक 1 और पत्नी का नामांक 4 है।

नामांक 1 लिए 4 नामांक का फल 'परेशानी तथा बाधाएँ' देने वाला है।

नामांक 4 के लिए 1 नामांक 'अति शत्रु' है।

इसलिए ये पति-पत्नी एक-दूसरे के शत्रु होंगे। इनमें से किसी एक को अपने नाम में परिवर्तन करके शुभता लानी चाहिए।

इसी प्रकार आप अपनी फर्म/संस्था अपने मित्र, साझेदार तथा प्रेमिका के बारे में भी जान सकते हैं।

यहाँ मैं आपसे एक विशेष बात कहना चाहूँगा कि यदि आपकी फर्म का नाम अशुभ है, तो आप उसके नाम में थोड़ा हेर-फेर करके शुभ बना सकते है। मान लीजिए कि आपकी फर्म का नाम VIJAY ASSOCIATES जो आपकी गणना पर अशुभ जाता है, तो आप उसे VEEJAY ASSOCIATES भी कर सकते है।

यहाँ मैं सारे नामांकों के फल एक साथ दे रहा हूँ ताकि पाठकों को समझने में आसानी रहे।

नामांक फल

1. आप हठी, दृढ-निश्चयी, स्वाभिमानी तथा महत्त्वाकांक्षी व्यक्ति हैं तथा सृजनात्मक कार्य करने में माहिर हैं।

2. आप विनम्र, भावुक तथा कल्पनाशील हैं। आपको जीवन में विभिन्न बाधाओं, निराशा तथा उत्साहहीनता का सामना करना पड़ता है।

3. आप गूढ़ विद्याओं के प्रेमी, ज्योतिष, अंक शास्त्र तथा इसी तरह की अन्य विद्याओं के जानकार हैं। आप महत्त्वाकांक्षी, अनुशासन-प्रिय और संयमित है तथा किसी के अधीन कार्य करना पसन्द नहीं करते।

4. आप प्रगतिवादी, समाज-सुधारक, भावुक, संवेदनशील, स्पष्टवक्ता, धन संग्रह में रुचि न लेने वाले तथा सत्यवादी है। आप काफ़ी व्यावहारिक भी हैं।

5. आप बुद्धिमान, अशान्त, तुरन्त कार्य करने वाले, कल्पनाशील, परिवर्तन प्रिय तथा योजनाएँ बनाने में दक्ष है। विभिन्न कार्यों में आपको सफलता मिलती है।

6. आप दिखने में सुन्दर, आकर्षक एवं कला-प्रेमी हैं। आप मित्रता का पालन करने वाले, अतिथियों का सेवा-सत्कार करने वाले तथा लड़ाई-झगड़े से दूर रहने वाले शान्तिप्रिय व्यक्ति हैं।

7. आप परिवर्तन-प्रिय, देश-विदेश की यात्रा में विशेष रुचि लेने वाले, कल्पनाशील और स्पष्टवक्ता हैं।

8. आप गम्भीर, शान्त, संघर्ष करने वाले, धर्मपरायण, दार्शनिक और अध्यात्मवादी हैं। आप संकोची स्वभाव वाले, विचारशील तथा कल्पनाशील हैं। आपको सफलता ज़रा देरी से मिलती है।

9. आप जल्दबाज़, आवेशपूर्ण व स्वतन्त्र प्रकृति वाले, साहसी और दृढ़ इच्छाशक्ति वाले व्यक्ति हैं। आप न तो किसी से मदद माँगते हैं और न ही अपने काम में किसी का हस्तक्षेप स्वीकार करते हैं। आपका पारिवारिक जीवन प्रायः कलहपूर्ण होता है।

10. यह अंक प्रबल इच्छा-शक्ति, दृढ़ निश्चय, धैर्य, अध्यवसाय, मान-प्रतिष्ठा, यश तथा विश्वास का सूचक हैं। इस अंक से प्रभावित व्यक्ति बेहद आत्मविश्वासी, होते है। ये एक बार जो ठान लेते हैं, उसे पूरा करके ही रहते हैं। ऐसा जातक साधारण परिवार में जन्म लेकर काफ़ी ऊँचा उठता है। इनकी सभी मनोकामनाएँ पूरी होती हैं। ये संसार के सभी भौतिक सुखों का आनंद उठाते हैं।

11. यह अंक हार, पराजय, असफलता तथा अशुभता का प्रतीक है। इस अंक से प्रभावित जातक उम्र भर भटकते रहते हैं। ये कोई भी कार्य निपुणता से नहीं करते, परिणामस्वरूप इन्हें आर्थिक लाभ न के बराबर मिलता है। या मिलता ही नहीं है। ऐसे में ये निराशा का शिकार हो जाते हैं।

12. यह अंक बलिदान का प्रतीक है। ऐसे जातकों के मित्र, सम्बन्धी तथा जान-पहचान के लोग इनसे लाभ उठाते हैं और समय पड़ने पर इन्हें धोखा देते हैं। इस प्रकार के व्यक्ति मानसिक तनाव, चिन्ता तथा कुण्ठाओं से ग्रस्त होकर मानसिक रोगी बन जाते हैं।

13. ऐसे व्यक्ति अपने विचारों में बदलाव लाते रहते हैं। किसी भी कार्य को यह बड़े उत्साह से शुरू कर देते, लेकिन बाद में उनका सारा उत्साह ठण्डा पड़ जाता है। अपने कार्य में रुकावट आने पर ऐसे जातक विध्वंसकारी बन जाते हैं। अपने स्वार्थ के लिए दूसरों का बड़े-से-बड़ा अहित करने से भी नहीं चूकते। ऐसे जातक अपना स्थान, व्यवसाय, तथा कार्यस्थल बदलते रहते हैं। इनके विचारों में ठहराव नहीं होता, परिणामस्वरूप ये एक दिन मनोरोगी बन जाते हैं।

14. इस अंक से प्रभावित जातक भाग्यशाली होते हैं। अन्य लोगों के कष्ट, हानि, भय, पराजय, को ये स्वयं पर झेल लेते हैं। इन्हें अपने जीवन में कई बार आकस्मिक धन-लाभ भी होता है। ऐसे व्यक्ति एकान्तप्रिय न होकर सामाजिक कार्यों में बढ़-चढ़कर हिस्सा लेते हैं तथा सफल होते हैं।

15. इस अंक से प्रभावित जातक गीत, संगीत, गायन आदि कलाओं में बेहद रुचि रखते हैं तथा इनपर खुला ख़र्चा भी करते हैं। जिसकी वजह से इन्हें कई बार दूसरों से क़र्ज़ लेने की नौबत आ जाती है। यह अंक रहस्य का भी सूचक है। इस अंक से प्रभावित जातक के मन में क्या है, उसके होंठों पर कभी नहीं आता। इसी वजह से लोग इनसे दूरी बनाकर रखते हैं।

16. यह अंक अनिश्चय का प्रतीक है। इस अंक से प्रभावित जातकों को जहाँ

प्रारम्भ में सभी प्रकार की सुख-सुविधाएँ मिलती हैं, वहीं वृद्धावस्था में ये अपना सब कुछ गँवा बैठते हैं। इस प्रकार के व्यक्तियों को निरन्तर दुर्घटनाओं का सामना करते रहना पड़ता है।

17. यह अंक विजय, महत्त्वाकांक्षा तथा सफलता का प्रतीक है। इस अंक से प्रभावित जातक अपने जीवन में आयी हर बाधा का डटकर मुकाबला करते हैं, फिर एक दिन ये अपने दृढ़ आत्मविश्वास से अपने जीवन की ऊँचाई पर जा पहुँचते हैं। ऐसे व्यक्ति उदार, धैर्यवान तथा क्षमाशील होते हैं। इनके कार्यों से इनको यश तथा प्रशंसा प्राप्त होती है।

18. यह अंक विरोध तथा पराजय का सूचक है। शत्रु, रोग, तथा कलह। ये तीन बड़े शत्रु सदैव इन्हें घेरे रहते हैं। ऐसे जातक बेकार के कार्यों में अपना धन नष्ट कर देते हैं, जिसकी वजह से एक दिन ये क़र्ज़े के शिकार हो जाते हैं। वास्तव में यह अंक शुभ नहीं है।

19. इस अंक से प्रभावित जातकों को जीवन के हर क्षेत्र-राजनीति, सामाजिक, आर्थिक, आध्यात्मिक आदि में पूर्ण सफलता प्राप्त होती है। ऐसे जातक का समाज में बहुत मान होता है। ऐसे जातक का भाग्य क़दम-क़दम पर उसका साथ देता है। ऐसे जातकों की लगभग सारी इच्छाओं की पूर्ति अवश्य होती है।

20. यह अंक व्यक्ति की उन्नति का सूचक है। ऐसा व्यक्ति साधारण घर में जन्म लेकर भी काफ़ी ऊँचाइयों तक पहुँचता है। इनके जीवन में अनुशासन का विशेष स्थान होता है। इनके द्वारा बनायी गयी हर योजना सफल होती है। ऐसे जातक बुद्धिमान, चतुर, प्रतिभा-सम्पन्न तथा धन कमाने में माहिर होते हैं।

21. यह अंक सफलता का सूचक माना गया है। ऐसे जातक यश, सम्मान की दृष्टि से विख्यात होते हैं। चाहे किसी भी क्षेत्र में हों, ऐसे व्यक्ति अपने लक्ष्य तक अवश्य पहुँचते हैं। देखा गया है कि ऐसे जातकों का भाग्योदय प्रायः यात्राओं से होता है।

22. यह अंक भावुकता का अंक है। ऐसे अंक से प्रभावित जातक अपने कल्पना लोक में खोये रहते हैं। किसी दूसरे का दुःख देखकर ये फ़ौरन पिघल उठते हैं। मिथ्या विश्वास में आकर श्रम-शक्ति, धन-सम्पदा का अपव्यय करते हैं। कोई भी आदमी इनकी भावुकता का नाजायज़ फ़ायदा उठाकर अपने स्वार्थ सिद्ध कर सकता है।

23. यह अंक सहायता व सहयोग का अंक है। इस अंक से प्रभावित जातक स्वयं कुछ नहीं करते, पर भाग्य-प्रबलता से मित्र ही इनके कार्य सम्पन्न कर जाते हैं। इनके मित्र या परिचित इन्हें जो रास्ता दिखाते हैं, ये आँखें मूँद कर उस रास्ते पर चलना शुरू कर देते हैं। इनकी उन्नति में लगातार बाधाएँ आती रहती हैं। फिर

भी भाग्य के धनी होने की वजह से यह हमारे समाज में यश व सम्मान प्राप्त कर लेते हैं।

24. यह अंक अत्यन्त शुभ फलदायक है। समाज का हर वर्ग, उच्चाधिकारी, राजनीतिज्ञ इनका सम्मान करते हैं। अपनी पत्नी के साथ इनके सम्बन्ध बेहद मधुर होते हैं, जिसकी वजह से इनका जीवन सुखपूर्वक व्यतीत होता है। इनके मित्र दुःख-सुख में इनका साथ देते हैं।

25. यह अंक मिले-जुले फल देता है। इस अंक से प्रभावित जातकों को अपने जीवन में सफलता तो प्राप्त होती है, लेकिन बहुत सारे संघर्षों और बाधाओं के बाद। ऐसे जातकों को निस्सन्देह बहुत बाधाओं का सामना करना पड़ता है, फिर भी अपने तेज़ दिमाग़ तथा अनुभवों के बल पर ये एक दिन विजय प्राप्त करते हैं। ये नयी-नयी योजनाएँ बनाने में माहिर होते हैं। इनके अनुमान कभी ग़लत नहीं होते।

26. इस अंक से प्रभावित जातक बेहद चालाक तथा स्वार्थी क़िस्म के होते हैं। अपना स्वार्थ सिद्ध करने के लिए किसी को भी धोखा दे सकते हैं। यहाँ तक कि अपने मित्र व परिवारजन को भी। अगर ये साझेदारी में व्यापार कर लें, तो हार-हानि सम्भव है।

27. यह अंक उच्चाधिकार, उन्नति, सम्पूर्ण अनुशासन, धन-धान्य का परिचायक है। इस अंक से सम्बन्धित जातक बुद्धिमान तथा अपने सभी कार्यों को योजनापूर्ण तरीक़ों से करते हैं। अपनी बुद्धि के बल पर यह अपने लक्ष्य तक पहुँच जाते हैं तथा समाज में सम्माननीय स्थान बना लेते हैं। इनके विचार पूर्ण रूप से मौलिक तथा नवीनता लिये हुए होते हैं। ये व्यक्ति कर्मक्षेत्र में सफल व्यक्तियों की श्रेणी में आते हैं।

28. यह अंक 'द्वन्द्व' का प्रतीक है। इस अंक में जितना शुभ प्रभाव है, उतना ही अशुभ प्रभाव भी। ऐसे व्यक्ति घोर परिश्रमी, संयमी तथा सतर्क होते हैं। फिर भी ये अपने जीवन में सफल नहीं हो पाते। कठिनाइयाँ बराबर इनके जीवन में बनी रहती हैं।

ऐसे जातकों को कोई भी कार्य खूब सोच-विचार कर करना चाहिए। भूलकर भी दूसरों की राय नहीं लेनी चाहिए। ऐसे जातकों को कोर्ट-कचहरी के चक्कर लगाने पड़ते ही हैं।

29. यह अंक 'अनिश्चय' का प्रतीक है। इस अंक से प्रभावित जातक किसी भी काम को करने से पहले हज़ार बार सोचते हैं। जब ये किसी काम को करने का फ़ैसला करते हैं, तो वह काम बीच में ही इनके अनिश्चय के कारण रुक जाता है।

इनके मित्र इनकी अनिश्चय की स्थिति का पूरा फ़ायदा उठाते हैं, जिसकी वजह से इन्हें धन की हानि उठानी पड़ जाती है। ऐसे जातकों का गृहस्थ-जीवन भी सुखी नहीं रह सकता।

30. यह अंक प्रतिभा का अंक है। इस अंक से प्रभावित जातक को अपनी बुद्धि पर भरोसा होता है, और अपनी बुद्धि के दम पर ये शीर्ष तक पहुँचने में सफल रहते हैं। ऐसे जातकों की बुद्धि प्रखर, सभी कार्यों में चतुर तथा आर्थिक रूप से सम्पन्न होते हैं। ये एकान्त प्रिय होते हैं तथा इन्हें संगीत से बेहद लगाव होता है।

31. यह अंक अन्तर्मुखी होने का परिचायक है। इस अंक से प्रभावित जातक दुनिया से अलग रहना पसन्द करते हैं। समाज के क़रीब जाने से घबराते हैं। ऐसे जातक भीरु, कायर, तथा किसी भी क़िस्म का ज़ोखिम लेने से घबराते हैं। लौकिक जीवन में ये प्राय: असफल ही रहते हैं।

32. बुद्धि की दृष्टि से ऐसे जातक अत्यन्त सफल, श्रेष्ठ एवं उन्नत कहे जाते हैं। ये व्यक्ति अपने समाज से कटे-कटे रहना पसन्द करते हैं। ये किसी सामूहिक जलसे में शामिल भी नहीं होते। अन्य लोगों से इन्हें कोई लेना-देना नहीं होता। इनकी अपनी दुनिया होती है, जिसमें रहना इन्हें बेहद पसन्द है। शारीरिक कार्यों के मुकाबले में ये मानसिक कार्यों में अधिक सफल होते हैं। अगर ये आलस्य पूरी तरह से त्याग दें, तो खूब सफल होते हैं। अन्य लोगों की सलाह ये बिलकुल लेना पसन्द नहीं करते। देखा गया है कि जब-जब ऐसे जातकों ने दूसरों की राय से कोई भी कार्य शुरू किया, उसमें ये असफल ही रहे।

33. यह अंक आत्मविश्वास का परिचायक है। इस अंक से प्रभावित जातक जो कार्य करने की सोचते हैं, एक दिन पूरा करके ही दिखाते हैं। अन्तहीन धैर्य, अटूट आत्म विश्वास तथा प्रबल जीवन-शक्ति ही ऐसे जातकों के गुण होते हैं। धैर्य व कठोर अध्यवसाय के बल पर ये आख़िर में अपने लक्ष्य तक पहुँच ही जाते हैं। ये अपनी निन्दा, आलोचना या व्यंग्य सहन नहीं कर सकते।

34. इस अंक से प्रभावित जातकों के जीवन में कठिनाइयाँ तथा बाधाएँ आती ही रहती हैं। और ये इन कठिनाइयों का सामना नहीं कर पाते और अकसर डिप्रेशन का शिकार हो जाते हैं। ये बहुत संकोची होते हैं। अपनी अच्छी बात भी ये दूसरों के सामने ठीक ढंग से नहीं कह पाते। अपने से ऊँचे अधिकारियों से बात करते हुए ये बहुत घबराते हैं। अपनी इसी घबराहट से ये अपने बॉस से उस काम को करने की हामी भर देते हैं, जोकि इन्हें आता ही नहीं। इसी वजह से ऐसे जातक अपने जीवन में असफल ही रहते हैं।

35. इस अंक से प्रभावित जातक लापरवाह क़िस्म के होते हैं। ऐसे व्यक्ति की न तो किसी कार्य के प्रति उमंग होती है और न ही कोई उत्साह। और ऐसे जातक ऊँचा उठने में विश्वास रखते हैं। ये हमेशा दूसरों की राय से चलते हैं, ये अपना कोई निर्णय खुद नहीं ले पाते। इसी वजह से अपने जीवन के किसी भी क्षेत्र में कामयाबी हासिल नहीं कर पाते।

36. इस अंक के प्रभावित जातक ज़बान के पक्के तथा पूर्ण आत्माभिमानी होते

हैं। अपने आत्मसम्मान के लिए ये अपनी जान तक दे सकते हैं। अपने दिये गये वचनों से ये कभी पीछे नहीं हटते। इनकी कोई भी बात पत्थर पर खीचीं लक़ीर की तरह होती है।

ऐसे जातक अपने प्रयत्नों से पूर्ण सफलता प्राप्त करते हैं। इनमें एक अवगुण भी पाया जाता है, ये बेहद हठी या फिर बड़े ज़िद्दी होते हैं। अपनी घर-बाहर की तमाम ज़िम्मेदारियाँ अच्छी तरह से निभाते हैं।

37. यह अंक सहयोग का प्रतीक है। ऐसे व्यक्तियों का भाग्योदय किसी के साथ साझेदारी से ही होता है। बुद्धि एवं प्रतिभा में ये श्रेष्ठ होते हैं। अपने जीवन में ये खूब धन कमाते हैं। दूर देशों की यात्राएँ इनके लिए शुभ होती हैं। इन यात्राओं से इन्हें काफ़ी फ़ायदा भी होता है। प्रेम-प्रसंग में ऐसे जातक खूब सफल रहते हैं।

38. यह अंक अस्थिरता का सूचक है। किसी एक विषय पर ये व्यक्ति लम्बे समय तक नहीं सोच पाते। टिककर या जमकर बैठना इनके वश की बात नहीं। चूँकि ये पक्के घुमक्कड़ होते हैं, इसलिए ऐसे कार्य का चुनाव करना चाहिए, जिसमें इन्हें हर दूसरे दिन यात्रा करनी पड़े। इनमें धैर्य का गुण विशेष रूप से पाया जाता है।

39. यह अंक धीरता-वीरता का परिचायक है। इस अंक से प्रभावित सभी जातक साहसी होते हैं। इनके सामने किसी भी प्रकार की बाधा आ जाये, तो ये ज़रा भी नहीं घबराते और पूरे साहस से उसका मुकाबला करते हैं। ऐसे जातक किसी भी चुनौती के लिए सदैव तैयार रहते हैं। इनके जीवन में लक्ष्मी की विशेष कृपा रहती है।

40. इस अंक से प्रभावित जातक स्वयं के लिए जीते हैं और स्वयं के लिए ही मरते हैं। अन्तर्मुखी होने की वजह से धर्मभीरु भी होते हैं। धार्मिक कार्यों में इनका कोई लगाव नहीं होता, फिर भी दूसरों की खुशियों के लिए ये कभी-कभार धार्मिक गतिविधियों में शामिल हो जाते हैं।

41. इस अंक से सम्बन्धित जातक परम भाग्यशाली होते हैं। ऐसे व्यक्ति साधारण परिवार में जन्म लेकर भी उच्च पद पर आसीन हो जाते हैं। जीवन के सभी सुख जैसे नौकर-चाकर, भूमि, वाहन, वस्त्राभूषण तथा ऐश्वर्य इन्हें आसानी से प्राप्त होते हैं। ये अपने जीवन में काफ़ी यश भी हासिल करते हैं। ये समाज-सेवा व परोपकार के लिए अपनी आय का एक निश्चित भाग देने से नहीं हिचकिचाते। अपने जीवन में ऐसे जातक सदैव खुश रहते हैं।

42. ऐसे जातक परजीवी कहलाये जाते हैं, क्योंकि जीवन में हमेशा आगे बढ़ने के लिए आप किसी न किसी का साथ चाहते हैं। हालाँकि इनमें बुद्धि और प्रतिभा की कोई कमी नहीं होती, फिर भी ये अपने कार्य अपने बलबूते पर नहीं कर पाते। इस सबके लिए इन्हें दूसरों का सहारा लेना ही पड़ता है।

43. यह अंक बाधाओं का अंक है। इस अंक से प्रभावित जातक अपने जीवन में कभी सफल नहीं हो पाते। इनका सारा जीवन हार-पराजय, कलह, लड़ाई-झगड़े, विद्रोह, मुकदमेंबाज़ी आदि गतिविधियों में बीत जाता है।

44. यह अंक हार-पराजय का प्रतीक है। इस अंक से प्रभावित जातक अपने जीवन में अपने बलबूते पर कभी कुछ नहीं कर पाते। इन्हें हर क़दम पर कोई न कोई सहारा चाहिए। किसी के सहारे के बिना ये आगे ही नहीं बढ़ते। इनका भाग्य इतना बुरा होता है कि अपने जीवन में ये कभी सफल नहीं हो पाते।

45. उच्च महत्वाकांक्षाओं से सम्पन्न ऐसे व्यक्ति अपने जीवन में पूरी तरह से सफल होते हैं। ये परिस्थितियों के अनुसार आगे बढ़ते हैं। लोग इनकी नीतियों व धारणाओं का अनुगमन करते हैं। हर क़दम, हर कार्य, हर क्षेत्र में सफलता इनके क़दम चूमती है। ये अपने जीवन में एक बार शीर्ष पर अवश्य पहुँचते हैं। ऐसे व्यक्तियों को हमारा समाज पलकों पर बिठा कर रखता है।

46. यह अंक भाग्यशाली माना जाता है। इस अंक से प्रभावित व्यक्ति जो भी कार्य करते हैं, कुछ विशेष तरीक़े से करते हैं, जिसकी वजह से इनके कार्यों की समाज द्वारा सराहना की जाती है।

47. यह अंक अनिश्चय का सूचक है। इस अंक से प्रभावित जातकों के जीवन में कब क्या घटित हो जाये, कुछ नहीं कहा जा सकता। ऐसे व्यक्ति असाधारण बुद्धि के होते हुए भी असफल ही रहते हैं। ये उम्रभर क़र्ज़ों में दबे रहते हैं। धन कमाने के लिए इनके सारे प्रयास व्यर्थ ही जाते हैं। धन को लेकर इनके घर में हमेशा कलहपूर्ण वातावरण रहता है। लेकिन हाँ, अपने कार्य तथा व्यवसाय में ये अपने उच्चाधिकारियों का मन मोह लेते हैं।

48. यह अंक बुद्धि, प्रतिभा और सादगी का प्रतीक है। इस अंक से प्रभावित जातक अपने जीवन में पूरी तरह से सफल रहते हैं। गहरी सूझबूझ के धनी, अच्छे चिन्तक, मननशील व्यक्तित्व के धनी होते हैं। आप समाज में अपना एक विशिष्ट स्थान बनाते हैं। लोग आपकी सलाह का आदर करते हैं और आपके विचारों को प्रमुखता देते हैं।

49. अंक विज्ञान में इस अंक को असफल, व्यर्थ, हारा हुआ माना जाता है। इससे प्रभावित जातक आजीवन संघर्षशील रहते हैं। समाज में इनको कम ही देखा जाता है। इनके जीवन में मित्रों की संख्या भी बहुत कम होती है।

50. यह अंक पूर्ण रूप से कल्पना का सूचक है। इस अंक से प्रभावित जातक दयावान, भावुक, सहयोगी एवं कल्पनाप्रिय होते हैं। जीवन की कठोर सच्चाइयों से ये दूर ही रहते हैं। इनकी अपनी एक अलग दुनिया होती है, जिससे ये बाहर आना नहीं चाहते। लेकिन ये अपना प्रत्येक कार्य योजना बना कर करते हैं, जिसमें ये अकसर सफल भी होते हैं, लेकिन फिर भी ये अपने जीवन में धनसंचय नहीं कर पाते।

51. यह अंक विजय का अंक माना गया है। इस अंक से प्रभावित जातकों के जीवन में संघर्ष के अवसर कम ही आते हैं। पर संघर्ष आने पर इनका मस्तिष्क और अधिक उर्वर तथा दक्ष हो जाता है। इनमें नेतृत्व के गुण भी पाये जाते हैं। इनके जीवन में ज़रूरत से ज़्यादा शत्रु होते हैं, पर किसी भी प्रकार से शत्रु इनका अहित नहीं कर सकते।

52. यह अंक पराजय तथा परेशानियों का प्रतीक है। इस अंक से प्रभावित व्यक्तियों के जीवन में चार दिन आराम से भी नहीं बीतते। इनके जीवन में निरन्तर उथल-पुथल तथा परेशानियाँ बनी रहती हैं।

53. यह रहस्य का अंक कहलाया जाता है। ऐसे व्यक्ति अपने मन में जो योजना बनाते हैं, उसके बारे में किसी को नहीं बताते। इनके चेहरे से भी यह ज्ञात नहीं हो पाता कि इनके मन में क्या है। इस अंक से प्रभावित जातक कष्ट सहने वाले, अपना हर कार्य होशियारी से करने वाले होते हैं। गोपनीय कार्य, गुप्तचरी का कार्य या किसी के मन का भेद लेने के कार्य में खूब सफल होते हैं। सैनिक कार्य, नेतृत्व, राजनीति में भी इन्हें खूब सफलता मिलती है।

54. यह अंक नेतृत्व का सूचक है। ऐसे व्यक्ति हमेशा समाज तथा देश का नेतृत्व करने में सक्षम होते हैं। अपने नेतृत्व, तुरन्त निर्णय एवं बुद्धि के माध्यम से ये व्यक्ति शीघ्र अपने लक्ष्य को पा लेते हैं।

55. यह विद्वता का अंक है। इस अंक से प्रभावित जातक बोलने में होशियार, तर्क दने में माहिर तथा अपनी बातचीत से विरोधियों को हराने वाले होते हैं। इनके अकाट्य तर्कों के सामने विरोधी ज़रा भी नहीं टिक पाते। ये आत्मबल से ख्याति एवं सम्मान प्राप्त करके ही दम लेते हैं। कई बार ये जल्दबाज़ी में निर्णय ले लेते हैं, जिसकी वजह से इन्हें अकसर असफलताओं का सामना भी करना पड़ जाता है।

56. यह बाधाओं का अंक है। इस अंक से प्रभावित जातक अपने जीवन में उठना चाहते हैं, परन्तु इनकी योजनाएँ अव्यवस्थित तथा ग़लत होती हैं, जिसकी वजह से ये सफल नहीं हो पाते। इनके मित्र कमज़ोर तथा अदूरदर्शी होते हैं।

57. यह अंक पूर्ण आत्मविश्वास का परिचायक है। इस अंक से प्रभावित व्यक्ति अपने जीवन में सदा खुश रहते हैं। ऐसे व्यक्ति अपने व्यवसाय में पूर्ण रूप से सफल होते हैं। निरन्तर आगे बढ़ते रहना, इनके जीवन का मूत्रमन्त्र होता है।

58. इस अंक के व्यक्तियों का जीवन खुली किताब की तरह होता है। ऐसे जातक सच्चे प्रेमी, खूब दयालु, परोपकारी तथा सत्यान्वेषी होते हैं। चिकित्सा एवं सार्वजनिक कार्यक्षेत्र में ये खूब सफल होते हैं। मित्र व हितैषी लोग इनको सदैव घेरे रहते हैं। अपने जीवन में ये निष्कपट, सौम्य व मृदु बने रहते हैं। कुल मिलाकर ऐसे व्यक्ति अपने जीवन में पूर्ण सफल होते हैं।

59. इस अंक से प्रभावित जातकों को अपने जीवन में कई बार उतार-चढ़ाव झेलने पड़ते हैं। फिर भी आप जैसे भी हो, धन-संचय कर लेते हैं। चरित्र के मामले में ऐसे जातक थोड़ा कमज़ोर पड़ जाते हैं।

इनका भाग्योदय यात्राओं से होता है। ये अपने जीवन में कई बार जल यात्रा करते हैं। जीवन में संकट व बाधाएँ इनसे कन्नी काट जाती हैं। विपत्तियों से ये डटकर सामना करते हैं। ये जातक दलाली व बैंकिंग के कार्य में खूब सफलता प्राप्त कर सकते हैं। धन पाने के लिए ये साम-दाम-दण्ड-भेद कुछ भी कर सकते हैं।

60. इस अंक से प्रभावित जातक हमेशा खुश रहते हैं। खुशमिजाज़ी इनका सबसे बड़ा गुण है। ये स्वयं तो खुश रहते ही हैं तथा औरों को भी खुश रखते हैं। विनोदप्रियता इनकी रग-रग में बसी रहती है। दीन-हीन, अपाहिज़ों की सेवा करने में इनको बेहद खुशी मिलती है। ये सबसे मिलजुल कर रहने में यक़ीन रखते हैं। अपने सम्पर्क में आये हर व्यक्ति को ये प्रसन्न रखने का प्रयास करते हैं। कुल मिलाकर यह अंक शुभ फलदायक है।

61. इस अंक से प्रभावित जातक आत्म-संयमी, कम बोलने वाले तथा अपने-आप पर नियन्त्रण रखने वाले होते हैं। ये खूब यात्राएँ करते हैं। यात्राओं में इनको बेहद आनन्द आता है। अपने मन-मस्तिष्क व विचारों पर पूर्ण नियन्त्रण रखना कोई इनसे सीखें। ये सदैव मित्रों से घिरे रहते हैं। इनका प्रारम्भिक जीवन भले ही कष्टों से भरा रहे, लेकिन धीरे-धीरे ये उन्नति करते हैं और एक दिन मनचाही सफलता प्राप्त कर लेते हैं।

62. सैनिक नेतृत्व में यह अंक सफलता का सूचक माना गया है। इस अंक से प्रभावित जातकों को सैनिक विभाग में ही कार्य करना चाहिए। वैसे ये राजनीतिक, तर्क, एवं नेतृत्व सम्बन्धित क्षेत्रों में सफलता प्राप्त कर सकते हैं। देखा गया है कि ऐसे जातकों में आत्मविश्वास कूट-कूटकर भरा होता है।

63. यह अंक परोपकारी होता है। दूसरों की भलाई तथा धार्मिक कार्यों में लगे रहना इनका स्वभाव होता है। ये जैसे भी हो, दूसरों की भलाई करने से पीछे नहीं हटते। समाज में इनको पूरा सम्मान मिलता है। व्यावसायिक क्षेत्र में कुछ भी करें, कोई भी व्यापार करें, सफलता क़दम चूमती है। परन्तु ख़र्च ज़्यादा होने के कारण इनका आर्थिक पक्ष कमज़ोर रहता है।

64. यह अंक मानसिक परेशानियों तथा जीवन में अस्थिरता का सूचक है। व्यापार करने में ये ज़रा भी माहिर नहीं है, इसलिए इनको नौकरी ही करनी चाहिए। सम्भव हो सके तो ऐसे जातक वकालत करें, निश्चित रूप से सफल होंगे। वैसे ये चिकित्सा क्षेत्र में भी जा सकते हैं।

अपने वैवाहिक-जीवन में ये जातक परेशान व दुखी रहते हैं। हर समय के

गृह-कलह के कारण ये निराश हो जाते हैं। जिसकी वजह से ये मानसिक रोगी भी बन सकते हैं।

65. यह अंक भाग्यशाली व दुर्घटनाओं का प्रतीक है। इस अंक से प्रभावित जातक को अपने गृहस्थ-जीवन का पूरा-पूरा आनन्द प्राप्त होता है। जीवन की समस्त भौतिक सुविधाएँ इनको प्राप्त होती हैं। अभाव नाम की कोई चीज़ इनके जीवन में नहीं रहती। लेकिन क़दम-क़दम पर होने वाली दुर्घटनाएँ इनको परेशान किये रहती हैं।

66. यह अंक पूर्ण सफलता का परिचायक है। जीवन के जिस क्षेत्र (व्यापार/नौकरी) में ये जाते हैं, उसमें इनको भरपूर सफलता मिलती है। व्यवहारकुशलता, प्रियभाषी, मृदु, मधुर तथा स्पष्टवादिता इनके प्रमुख गुण हैं। समाज-सुधार एवं देश-सेवा से ये यश-मान-सुखादि प्राप्त कर सकते हैं।

67. यह अंक मृदुता, कोमलता, व्यवहार-कुशलता का प्रतीक है। ऐसे जातक बेहद सरल, सात्त्विक एवं स्पष्ट बोलने वाले होते हैं। ये अपने जीवन का एक उद्देश्य तय करके धीरे-धीरे सफलता की ओर बढ़ते हैं। दूसरों का हित करना इनके विशिष्ट गुणों में एक गुण है।

68. यह अंक धोखा-धड़ी तथा छल-कपट का सूचक है। इस अंक से प्रभावित जातक उद्देश्यहीन तथा भटके हुए होते हैं। ये हमेशा खिन्न व उदास रहते हैं। चाहे नौकरी हो या फिर व्यापार, इनको असफलताओं का सामना करना पड़ता है। ज़रा-ज़रा-सी बात पर ये परेशान हो जाते हैं और कई बार परेशानियों की वजह से ये पूरी तरह से निराश हो जाते हैं और आत्महत्या की कोशिश कर बैठते हैं। दूसरों को धोखा देना, छल-कपट से अपने काम करवाना और धोखा देना इनके जन्मजात अवगुण हैं। इन अवगुणों को त्याग करके ही ये अपने जीवन में सफलता प्राप्त कर सकते हैं।

69. यह कीर्ति, परम आनन्द, ऐश्वर्य, तथा सम्पन्नता का अंक है। इस अंक से प्रभावित जातक अपने कार्यों तथा अपने व्यवहार से धन संचय करते हैं और एक दिन सफलता के ऊँचे सोपानों को छूने लगते हैं।

70. यह सौभाग्य का अंक है। इस अंक से प्रभावित जातक जिस क्षेत्र में जाते हैं, उसमें पूरी सफलता प्राप्त करते हैं। ऐसे जातकों को जीवन के सभी भोग, धन-धान्य, सुख, नौकर-चाकर, भूमि-भवन, वस्त्राभूषण आदि की प्राप्ति हीती हैं। इनका बुढ़ापा सुख से बीतता है। नौकरी की अपेक्षा ये व्यापार में अधिक सफल होते हैं।

71. यह बाधाओं का अंक है। इस अंक से प्रभावित जातक आजीवन परेशान रहते हैं। इनके जीवन में निरन्तर बाधाएँ बनी रहती हैं। छोटी-छोटी बातों पर ऐसे जातकों का मानसिक सन्तुलन डगमगा जाता है और ये परेशान हो जाते हैं। इन

जातकों को स्वप्नद्रष्टा भी कहा जा सकता है। व्यावहारिक जीवन में इन्हें असफल कहा जा सकता है।

72. यह परिश्रम का अंक है। इससे प्रभावित जातक काफ़ी बाधाओं, समस्याओं तथा संघर्षों के बाद अपने जीवन में सफलता प्राप्त करते हैं। यदि ऐसे जातक दूसरों के कहे की अपेक्षा स्वयं विचार कर कार्य करें, तो कहीं अधिक सफल हो सकते हैं।

73. यह साधारण अंक है। इस अंक से प्रभावित जातक ज़रूरत-से अधिक परिश्रम करते हैं। परन्तु प्रयत्न करने पर भी इनके जीवन में सफलता कठिनता से ही मिलती है। ज़रूरत से ज़्यादा बाधाएँ आने की वजह से ये अपने जीवन में निराश हो जाते हैं।

74. यह एक पूर्णतया सफलता तथा श्रेष्ठता का अंक है। साधारण परिवार में जन्म लेकर भी ऐसे जातक अत्यन्त ऊँचे उठते देखे गये हैं। ऐसे जातक दिखावे में बहुत यक़ीन रखते हैं। व्यापार की अपेक्षा ये नौकरी से अधिक सफलता प्राप्त कर सकते हैं। घोर परिश्रम करते रहने पर भी कई बार सतर्कता के अभाव में हार जाते हैं। इनको झूठी शान से बचना चाहिए।

75. यह भोग प्रधान अंक है। ऐसे व्यक्ति पूरे संसारी, भोगी तथा ऐशो-आराम में ही अपना जीवन बिताते हैं। ऐसे व्यक्ति जीवन में कई बार दुर्घटनाओं के शिकार भी बनते हैं। प्रायः इनका स्वास्थ्य बिगड़ा रहता है।

76. जीवन के सभी क्षेत्रों में इनको सफलता प्राप्त होती है। दाम्पत्य जीवन में भी ये सफल होते हैं। परोपकार के कार्यों पर ये धन ख़र्च करते हैं। इनके शत्रु इनसे परेशान रहते हैं।

77. ऐसे जातकों को काफ़ी संघर्षों के बाद सफलता मिलती है। धन संग्रह में इनकी विशेष रुचि होती है। यात्राओं के माध्यम से ये व्यावसायिक प्रगति करते हैं।

78. यह परोपकारी अंक है। इस अंक से प्रभावित जातकों को सफल होने के लिए बाधाओं तथा विपत्तियों को दूर करना पड़ता है। आन्तरिक रूप से ये परेशान रहते हैं, जबकि सामाजिक दृष्टियों से यश तथा मान-सम्मान की प्राप्ति होती है। व्यावसायिक बुद्धि इनमें ज़रूरत से ज़्यादा होती है।

80. यह अंक पूरी तरह से सफलता का अंक है। इस अंक से प्रभावित जातकों को अपने जीवन में अपने प्रयत्नों से उठते देखा गया है। ऐसे जातक धार्मिक प्रवृत्ति वाले, संवेदनशील तथा भावुक होते हैं। निज़ी जीवन में इन्हें काफी संघषों के बाद सफलता प्राप्त होती है।

५

बच्चे के नाम का पहला अक्षर कैसे जानें?

जब भी कोई बच्चा जन्म लेता है, उस समय चन्द्रमा जिस राशि में होता है, वह जन्म लेने वाले बालक की चन्द्र राशि होती है। चन्द्र प्रत्येक राशि में सवा दो नक्षत्र व 9 चरण होते हैं।

ज्योतिष में 27 नक्षत्र होते हैं और प्रत्येक नक्षत्र के चार चरण होते हैं। चन्द्र राशि के नक्षत्र चरण के अक्षर के अनुसार ही बालक का नाम रखा जाता है। नक्षत्रों के चरणों के अनुसार प्रत्येक चरण के आगे नाम का अक्षर नीचे दिया जा रहा है। बालक के नाम का पहला अक्षर और राशि क्या होनी चाहिए, यह जानने के लिए निम्नलिखित तालिका देखें-

नक्षत्र	नाम का पहला अक्षर	राशि
अश्वनी		
चरण-1	चू	मेष
चरण-2	चू	मेष
चरण-3	चो	मेष
चरण-4	ला	मेष
भरणी नक्षत्र		
चरण-1	ली	मेष
चरण-2	लू	मेष
चरण-3	ले	मेष
चरण-4	लो	मेष
कृतिका नक्षत्र		
चरण-1	अ	मेष
चरण-2	इ	वृष
चरण-3	उ	वृष
चरण-4	ए	वृष

रोहिणी नक्षत्र

चरण-1	ओ	वृष
चरण-2	वा	वृष
चरण-3	वी	वृष
चरण-4	वू	वृष

मृगशिरा नक्षत्र

चरण-1	वे	वृष
चरण-2	वो	वृष
चरण-3	क	मिथुन
चरण-4	की	मिथुन

आर्द्रा नक्षत्र

चरण-1	कू	मिथुन
चरण-2	ध	मिथुन
चरण-3	ङ	मिथुन
चरण-4	छ	मिथुन

पुर्नवसु नक्षत्र

चरण-1	के	मिथुन
चरण-2	को	मिथुन
चरण-3	हा	मिथुन
चरण-4	ही	कर्क

पुष्य नक्षत्र

चरण-1	हू	कर्क
चरण-2	हे	कर्क
चरण-3	हो	कर्क
चरण-4	डा	कर्क

अश्लेषा नक्षत्र

चरण-1	डी	कर्क
चरण-2	डू	कर्क
चरण-3	डे	कर्क
चरण-4	डो	कर्क

मघा नक्षत्र

चरण-1	मा	सिंह
चरण-2	मी	सिंह

चरण–3	मू	सिंह
चरण–4	मे	सिंह

पूर्वा फाल्गुनी

चरण–1	मो	सिंह
चरण–2	टा	सिंह
चरण–3	टी	सिंह
चरण–4	टू	सिंह

उत्तराफाल्गुनी

चरण–1	टे	सिंह
चरण–2	टो	कन्या
चरण–3	पा	कन्या
चरण–4	पी	कन्या

हस्त नक्षत्र

चरण–1	पू	कन्या
चरण–2	ष	कन्या
चरण–3	ण	कन्या
चरण–4	ठ	कन्या

चित्रा नक्षत्र

चरण–1	पे	कन्या
चरण–2	पो	कन्या
चरण–3	रा	तुला
चरण–4	री	तुला

स्वाती नक्षत्र

चरण–1	रु	तुला
चरण–2	रे	तुला
चरण–3	रो	तुला
चरण–4	ता	तुला

विशाखा नक्षत्र

चरण–1	ती	तुला
चरण–2	तू	तुला
चरण–3	त	तुला
चरण–4	तो	वृश्चिक

अनुराधा नक्षत्र

चरण-1	ना	वृश्चिक
चरण-2	नी	वृश्चिक
चरण-3	नू	वृश्चिक
चरण-4	ने	वृश्चिक

ज्येष्ठा नक्षत्र

चरण-1	नो	वृश्चिक
चरण-2	या	वृश्चिक
चरण-3	यी	वृश्चिक
चरण-4	यू	वृश्चिक

मूल नक्षत्र

चरण-1	ये	धनु
चरण-2	यो	धुन
चरण-3	भा	धनु
चरण-4	भी	धनु

पूर्वाषाढ़ा नक्षत्र

चरण-1	भू	धनु
चरण-2	धा	धनु
चरण-3	फा	धनु
चरण-4	ढ़ा	धनु

उत्तराषाढ़ा नक्षत्र

चरण-1	भे	धनु
चरण-2	भो	मकर
चरण-3	जा	मकर
चरण-4	जी	मकर

श्रवण नक्षत्र

चरण-1	खी	मकर
चरण-2	खू	मकर
चरण-3	खे	मकर
चरण-4	खो	मकर

धनिष्ठा नक्षत्र

चरण-1	गा	मकर
चरण-2	गी	मकर

चरण-3	गू	कुम्भ
चरण-4	गे	कुम्भ

शतभिषा नक्षत्र

चरण-1	गो	कुम्भ
चरण-2	सा	कुम्भ
चरण-3	सी	कुम्भ
चरण-4	सू	कुम्भ

पूर्वाभाद्रपद नक्षत्र

चरण-1	से	कुम्भ
चरण-2	सो	कुम्भ
चरण-3	दा	कुम्भ
चरण-4	दी	मीन

उत्तराभाद्रपद नक्षत्र

चरण-1	दू	मीन
चरण-2	छ	मीन
चरण-3	झ	मीन
चरण-4	त्र	मीन

रेवती नक्षत्र

चरण-1	दे	मीन
चरण-2	दा	मीन
चरण-3	चा	मीन
चरण-4	ची	मीन

जन्म लिये हुए बालक का नाम यदि नक्षत्र के चरणानुसार रखा जाता है, तो नाम अति शुभ होता है, लेकिन देखा गया है कि कई बार किसी मित्र, रिश्तेदार या किसी बाह्मण के कहने पर भी नाम रखे जाते हैं। इसलिए जो भी प्रचलित नाम हो, उसके अक्षरों को अंकों में बदलकर नामांक मालूम करना चाहिए। नाम का व्यक्ति के जीवन में बहुत महत्त्व होता है।

वास्तव में, प्रत्येक नाम का कोई-न-कोई अर्थ होता है। संसार में कोई भी माता-पिता अपने बच्चे का अशुभ नाम नहीं रखते हैं। अगर भाग्यांक और नामांक एक दूसरे के लिए शुभ न हो तो नाम में कुछ परिवर्तन करके भाग्य को बदला जा सकता है।

६

अंक और आपसी गुण

प्रिय पाठको! इस अध्याय में हम प्रत्येक अंकों से सम्बन्धित ऐसी बातों पर एक नज़र डालेंगे, जो आपस में सम्बन्ध रखती है–

अंक और उससे सम्बन्धित राशि

अंक	राशि
1.	सिंह
2.	कर्क
3.	धनु
4.	कुम्भ
5.	मिथुन, कन्या
6.	वृष, तुला
7.	मीन
8.	मकर
9.	मेष, वृश्चिक

अंक और उनसे सम्बन्धित अक्षर

अंक	अँग्रेज़ी अक्षर
1.	ए, जे, एस
2.	बी, के, टी,
3.	सी, एल, यू
4.	डी, एम, वी
5.	ई, एन, डब्ल्यू
6.	एफ, ओ, एक्स
7.	जी, पी, आई
8.	एच, क्यू, ज़ेड
9.	आई, आर

अंक और तत्त्व

अंक	तत्त्व	गुण
1.	अग्नि तत्त्व	दैविक गुण
2.	जल तत्त्व	भावनात्मक गुण
3.	अग्नि तत्त्व	दैविक गुण
4.	वायु तत्त्व	बौद्धिक गुण
5.	वायु तत्त्व	बौद्धिक गुण
6.	पृथ्वी तत्त्व	व्यावहारिक गुण
7.	जल तत्त्व	भावनात्मक गुण
8.	पृथ्वी तत्त्व	व्यावहारिक गुण
9.	अग्नि तत्त्व	दैविक गुण

अंक और मानवाकृति

अंक	मानवाकृति
1.	ललाट, मस्तिष्क
2.	हृदय, फेफड़े, छाती, गला
3.	जाँघ, पैर
4.	पिण्डलियाँ, एड़ी, पंजे
5.	गर्दन, हाथ, साँस, कान, ऊँचाई
6.	चेहरा, आँखें, नाक, जीभ, दाँत, अँगुलियाँ, नाखून, हड्डियाँ
7.	रक्त
8.	घुटने
9.	बाल, गुप्त अंग, मूत्र

अंक रत्न और रंग

अंक	रत्न	रंग
1.	माणिक्य	गुलाबी, नारंगी
2.	मोती	सफ़ेद, क्रीम, नीला
3.	पुखराज	पीला और हरा
4.	गोमेद	रंगीन
5.	पन्ना	हरा और काला
6.	हीरा	सफ़ेद, नीला
7.	लहसुनिया	गुलाबी, पीला, हरा
8.	नीलम	काला, हरा
9.	मूँगा	लाल, पीला

अंक और दिशा

अंक	दिशा
1.	पूर्व दिशा
2.	वायव्य कोण
3.	ईशान
4.	पूर्व दिशा
5.	उत्तर दिशा
6.	अग्नि कोण
7.	वायव्य कोण
8.	पश्चिम दिशा
9.	दक्षिण दिशा

अंक और सम्बन्धित दिवस

अंक	दिवस
1.	रविवार
2.	सोमवार
3.	गुरुवार
4.	शनिवार
5.	बुधवार
6.	शुक्रवार
7.	गुरुवार
8.	शनिवार
9.	मंगलवार

अंक और शुभ दिन

अंक	शुभ दिन
1.	रवि, बुध, गुरु
2.	सोम, मंगल, शुक्र
3.	रवि, मंगल, गुरु
4.	सोम, मंगल, शुक्र
5.	रवि, गुरु, शनि
6.	सोम, मंगल, शुक्र
7.	रवि, सोम, बुध, गुरु
8.	गुरु, शनि
9.	सोम, मंगल, गुरु, शुक्र

अंक और महीने

अंक	महीने
1.	जनवरी, मार्च, मई, जुलाई, सितम्बर, अक्टूबर, दिसम्बर
2.	अप्रैल, सितम्बर, नवम्बर
3.	मार्च, मई, जुलाई, सितम्बर, अक्टूबर, दिसम्बर
4.	फ़रवरी, अप्रैल, जून, अगस्त, सितम्बर, नवम्बर
5.	जनवरी, मार्च, मई, जुलाई, अगस्त, अक्टूबर, दिसम्बर
6.	फ़रवरी, अप्रैल, जून, नवम्बर
7.	जनवरी, मार्च, मई, अगस्त, सितम्बर, अक्टूबर
8.	जनवरी, मार्च, अप्रैल, मई, जुलाई, अगस्त, दिसम्बर
9.	फ़रवरी, मार्च, अप्रैल, जून, जुलाई, सितम्बर, नवम्बर, दिसम्बर

✵ ✺ ✵

७

आपका जन्मदिन और फल

सोमवार

यदि आपका जन्मदिन सोमवार को हुआ है, तो आप बहुत कम बोलने वाले, अतिथि का सत्कार करने वाले, सार्वजनिक कार्यों में रुचि लेने वाले, दृढ़ निश्चय वाले, भावुक-संवेदनशील, बात करने में माहिर, सत्यपथ पर अग्रसर चलने वाले, चंचल और मनभावन व्यक्तित्व वाले, प्रेम-प्रणय के लिए यहाँ-वहाँ भटकने वाले, सच्चे प्रेमी, मूडी, जिज्ञासु तथा यात्रा-प्रेमी होते हैं। यात्राओं से ही आपका भाग्य उदय होता है। जीवन में एक आध बार आप जल-यात्रा ज़रूर करेंगे।

आप अपने घर-परिवार, जाति, कुटुम्ब के प्रति अगाध श्रद्धा रखते हैं। अपने घर के सदस्यों का आप भरपूर मनोरंजन तो करते ही हैं, साथ-साथ उनकी सभी सुख-सुविधाओं का पूरा ध्यान रखते हैं। आपके अपने मित्रों से भी अच्छे सम्बन्ध होते हैं। आपका मित्र-समुदाय आपको घेरे रहते हैं। मित्र हमेशा आपकी रक्षा करते हैं।

आपका ज़्यादातर पैसा बनाव-शृंगार, सौन्दर्य-प्रसाधन, मनोरंजन, फ़िल्म, सैर-सपाटे व मेलों में अधिक ख़र्च होता है। आपका स्वभाव अस्थिर है। कोई भी बाधा आते ही उसे छोड़कर दूसरे काम में लग जाते हैं।

यदि आप महिला जातक हैं, तो सौभाग्यशालिनी, अच्छी माता, अच्छी पत्नी, अच्छी बहन तथा योग्य बेटी होती हैं। इसके अलावा आप स्वप्न देखने वाली, सच्ची प्रेमिका, प्रेम-प्रणय में सफल, घोर भावुक या संवेदनशील, घर-परिवार व सन्तान की प्रेमी, सुन्दर व्यक्तित्व की धनी, प्रदर्शन प्रिय तथा सच्ची प्रेमिका सिद्ध हो सकती हैं। चलायमान होने के कारण आपको अपने चरित्र पर अंकुश रखना बेहद ज़रूरी है। प्रेम-प्रसंगों को लेकर बदनाम होने का भय सदैव रहता है।

मंगलवार

यदि आपका जन्म मंगलवार को हुआ है, तो आप साहसी व निडरता के समर्थक व आकर्षक व्यक्तित्व के स्वामी हैं या आपके व्यक्तित्व में एक अनोखा आकर्षण है। दैहिक दृष्टि से आप कमज़ोर हैं, वहीं आप मानसिक शक्ति-कार्यों में बाज़ी मार ले जाते हैं। आपके उर्वरक मस्तिष्क में नयी-नयी कल्पनाएँ उभरती रहती हैं। आपके द्वारा बनायी गयी सारी योजनाएँ प्राय: सफल होती हैं। प्रकृति से संघर्षप्रिय, लड़ाकू

या युद्ध-प्रिय होते हैं। पुलिस या सैन्य विभाग में चले जायें, तो खूब सफल रहते हैं। बड़े से बड़े ख़तरे या कठिनाई से भिड़ जाते हैं। समुद्र को भी खंगाल सकते हैं, पहाड़ों से टकरा सकते हैं। या थार के रेगिस्तान को रौंद सकते हैं। निरन्तर आगे बढ़ना आपका स्वभाव है। आप उन्मादी स्वभाव तथा ख़तरों के खिलाड़ी हैं।

आप स्वतन्त्र विचार के स्वामी तथा स्वतन्त्रता प्रिय होते हैं। अपने सिद्धान्तों की लड़ाई के लिए आप टूट सकते हैं, मगर झुक नहीं सकते। आपको किसी भी प्रकार से धोखे में नहीं रखा जा सकता। चूँकि आप तरह-तरह की योजनाएँ बनाने में माहिर होते हैं, इसलिए आप उत्तरदायित्व वालों पर आसीन होते हैं और अपने पद की मान-प्रतिष्ठा कायम रखते हैं। आप अनुशासनप्रिय भी होते हैं। किसी भी मौक़े पर आप शिष्टाचार नहीं भूलते।

आप किसी का सहारा नहीं लेते या अपनाते। आप जब प्रेम करते हैं, तो उसे अन्त तक निभाते भी हैं। अपने संरक्षण में आये व्यक्ति का आप संरक्षण मरकर भी करते हैं। उसकी रक्षा के लिए आप तन-मन-धन सब कुछ न्यौछावर कर देते हैं। आप हर क़दम पर आने वाली छोटी-बड़ी समस्याओं को ठोकर मारकर आगे बढ़ते जाते हैं।

यदि आप स्त्री जातक हैं, तो गृह-कलह से बचने का प्रयास करें। आप लड़ाकू पर कष्टसहिष्णु, ज़िद्दी, स्वार्थी पद की लालसा करने वाली व चिड़चिड़े स्वभाव की स्वामिनी होती हैं।

बुधवार

यदि आपका जन्म बुधवार को हुआ है, तो आकर्षक व्यक्तित्व के स्वामी होते हैं। अपने निर्णय आप फ़ौरन लेते हैं, ज़्यादा सोच-विचार नहीं करते। आप अस्थिर स्वभाव के, बातूनी, किसी भी सिद्धान्त पर एकमत, दृढ़ मत होकर जी नहीं सकते। रोज़-रोज़ नयी योजनाएँ बनाते रहते हैं। बौद्धिक दृष्टि से आप प्रखर बुद्धि, अच्छे विचारक, हर पल सावधान रहने वाले, बातचीत में निपुण और व्यावसायिक क्षेत्र में, बौद्धिक क्षेत्र में सफल होते हैं। आप बहुत भाषाओं का ज्ञान रखने वाले, मानव हृदय की बात जानने वाले, अन्तरमन में पैठ कर भेद पा जाने वाले, दिव्य चक्षु, चतुर, चालाक, होशियार, निरन्तर कर्म करते रहने वाले व मेहनती व्यक्ति हैं।

निरीक्षण का आपमें अद्भुत गुण है। यदि आप स्त्री जातक हैं, तो निरन्तर कर्म करने वाले, अपने कार्यों में दक्ष, परिश्रमी, उदारमना परन्तु चिन्तातुर होते हैं। हर समय सोचते रहते हैं। बात-बात पर रुकना, शिकायत-शिकवा करना आपकी आदत बन गयी है। सब मिलाकर आपका गृहस्थ-जीवन आदर्श नहीं कहा जा सकता है।

गुरुवार

आप परम विद्वान्, परम ईमानदार, आशावादी, मानवप्रेमी, अच्छे चरित्र वाले, मिलनसार,

दयावान, उदारमना, दानवीर, जनता के हितैषी, परोपकारी, उर्वर मस्तिष्क, प्रदर्शन-प्रिय, वाचाल, हर काम में आगे, तथा प्रबन्धकार्य में दक्ष होते हैं। आप फूहड़पन, अनुशासनहीनता, कृपणता व अस्त-व्यस्त जीवन से घृणा करते हैं। चुम्बकीय आकर्षण-शक्ति के कारण आपका मित्र समुदाय खूब होता है और वे जीवन भर आपका साथ निभाते हैं। निरीक्षण शक्ति भी आपमें अद्भुत है, जिसके कारण आप अपने सम्पर्क में आये व्यक्ति के व्यक्तित्व को क्षणों में जाँच लेते हैं, उसके आने का उद्देश्य समझ लेते हैं। प्रेम-सम्बन्ध आपके दृढ़ रहते हैं और गृहस्थ-धर्म में आप खूब सफल होते हैं।

आप अच्छे स्तर का जीवन जीने वाले, उच्च स्तर का रहन-सहन, हर कार्य जो करेंगे, उसे उच्चस्तरीय रूप में करना पसन्द करते हैं। खूब महत्त्वाकांक्षी, बड़े उपभोक्ता व अच्छे उत्पादक, प्रकृति-प्रेमी, ललित कला प्रेमी, साहित्यिक, चित्रकारी में निपुण, अच्छे न्यायी, ग्राम्य राजनीति में खूब सफलतापूर्वक भाग लेते हैं। अच्छे सलाहकार, भवन-निर्माण कला में निपुण, कला-विश्लेषक व सफल व्यवसायी होते हैं।

आप यदि स्त्री जातक हैं, तो आप दयालु, अच्छे चरित्र वाली, ईमानदार, उदारमना, महादानी, धर्मभीरु, कष्ट सहिष्णु, आकर्षक व सद्गुणों की खान हैं। आपकी क़ीमती गहनों और क़ीमती वस्त्रों में अधिक रुचि होती हैं।

शुक्रवार

यदि आपका जन्म शुक्रवार को हुआ है, तो आप सौन्दर्य प्रेमी, प्रसन्नचित्त, हास्यमुखी, हास्य-व्यंग्य व कला प्रेमी, गम्भीर से गम्भीर माहौल को अपनी बातों से हलका कर देने वाले, दूसरों की मदद के लिए हमेशा आगे आने वाले, समाज सेवक व परोपकार में हमेशा रहते हैं। आप संगीत-साहित्य प्रेमी,व्यवहारकुशल तथा प्रेम-प्रणय का अच्छा निर्वाह करते हैं। आप श्रेष्ठ सलाहकार, भवन-निर्माण कला में दक्ष, बेहतर डिज़ायनर, सफल व्यापारी तथा नम्रमा के पुजारी होते हैं।

प्रेम में फँसकर आपको धोखा खाना पड़ता है। यदि आप स्त्री जातक हैं, तो वस्त्राभूषण प्रिय, शृंगार प्रिय, गहनों से प्रेम करने वाले, ठाट-बाट से रहने वाली तथा फ़िज़ूलख़र्च करने वाली होती हैं।

शनिवार

यदि आपका जन्म शनिवार को हुआ है तो आप स्वभाव से दार्शनिक, मूडी, धार्मिक, आस्थावान, घोर परिश्रमी, ज़िद्दी, धन कमाने में दक्ष, संयम बरतने वाले, निष्कपट व निश्छल, गुप्त विद्याओं के प्रेमी, मन का भेद लेने में दक्ष, महाधुनी, महालोभी, तथा उद्दण्ड होते हैं।

कष्ट सहने वाले, सतत उद्योगी, कल्पना जगत् में विचरण करने वाले, क्रोधी, मलिन तथा उदास प्रवृत्ति के होते हैं।

यदि आप स्त्री जातक हैं, तो कलहप्रिय, कंजूस, ईर्ष्यालू, क्रोधी व उग्र हैं। पति-माता-पिता-भाई-मित्र किसी से आपके विचार नहीं मिलते। घरेलू जीवन आपका सुखी नहीं रहता।

रविवार

यदि आपका जन्म रविवार को हुआ है, तो आप निर्भीक, निडर, निश्छल, दृढ़ निश्चयी, साहसी, दानी, स्वआत्माभिमानी होने के साथ-साथ धर्म-कर्म में गहरी अभिरुचि रखने वाले होते हैं।

आप स्पष्टभाषी, ईश्वर व मातृ-पितृ भक्त, देश-अभिमानी तथा धर्मात्मा होते हैं। अपनी उलझनें आप स्वयं सुलझाते हैं।

नेतृत्व शक्ति सचमुच आपमें अद्भुत है। कार्य-क्षमता ज़रूरत से ज़्यादा, गम्भीर वातावरण को भी चुटीली हँसी से हल्का-फुल्का कर देते हैं। समाज आपका सम्मान करता है। यश की कामना आपमें कुछ ज़्यादा रहती है। आप सद्गुणी, उत्तम चरित्र के धनी, बरबस लोगों का ध्यान अपनी ओर आकर्षित करने वाले होते हैं।

❀ ☀ ❀

८

अंक-ज्योतिष और प्रश्न-ज्ञान

आजकल जाने-माने ज्योतिषी अंक-ज्योतिष पर अधिक विश्वास करने लगे हैं, क्योंकि अंक-ज्योतिष के आधार पर जो भी भविष्यवाणियाँ की जाती हैं, वह सत्य की कसौटी पर सौ-फ़ीसदी खरी उतरती हैं।

वास्तव में, 'प्रश्न-ज्ञान' एक प्रकार से मूक प्रश्न-ज्ञान होता है, जिसमें प्रश्न करने वाले जातक से नौ अंकों की कोई भी एक संख्या कागज़ पर लिखवायी जाती है, फिर उस संख्या का योग करके, जो संख्या आती है, उसमें अपनी ओर से 3 जोड़ दिया जाता है। उदाहरण के लिए एक व्यक्ति ने कागज़ पर निम्नलिखित संख्या लिखी-

999999999=81

इस संख्या में आप 3 जोड़ें 81+3=84

अब आप आगे लिखे गये फलों में प्रश्न के जवाब को पढ़ें।

प्रश्न 84 का फल कुछ यों है- 'आप अपनी कन्या के बारे में चिन्ता कर रहे हैं और उसके विवाह की समस्या से ग्रस्त हैं। शीघ्र ही आप इस समस्या से उबर जायेंगे, धैर्य रखें।'

इस प्रकार से यह स्पष्ट हो जाता है कि छोटी-से-छोटी संख्या 3 तथा बड़ी-से-बड़ी संख्या 84 होगी। अब आप विभिन्न अंकों से सम्बन्धित प्रश्नों के बारे में जानने का प्रयास कीजिए।

(3). इस समय आप किसी मानसिक परेशानी से बुरी तरह से जूझ रहे हैं और यह समस्या आपको आपके स्वास्थ्य को लेकर है। आपमें स्वास्थ्य निश्चित रूप से सुधार होगा, पर थोड़ा समय लगेगा। आप क्रोध मत कीजिए तथा ख़र्चों पर नियन्त्रण रखें।

(4). इस समय आपके दिमाग़ पर दिल हावी है। आप निश्चित रूप से अपने प्रेमी/प्रेमिका के बारे में सोच रहे हैं। आपका कार्य शीघ्र ही सफल होगा तथा आपकी खुशियों में बढ़ोतरी होगी।

(5). जब तक आप भागीदार (Partner) हैं, तब तक एक-दूसरे के प्रति सन्देह की भावना रखना न तो उचित ही है और न ही अनुकूल। थोड़ा विवेक से

काम लीजिए। जल्दी ही आप अपनी खोई बाज़ी अपने हाथ में पायेंगे। आपका प्रश्न विवाह-चिन्ता अथवा कुटुम्ब-चिन्ता से भी सम्बन्धित हो सकता है।

(6). आप किसी एक समाचार के बारे में चिन्तित हैं जो काफ़ी दिनों से आपको नहीं मिला है अथवा किसी दूर के रिश्तेदार से सम्बन्धित कोई सूचना कोशिश करने के बावजूद भी आपको नहीं मिल पायी है।

इस सप्ताह के अन्त तक आपको मनोवांछित सूचना मिल जायेगी।

(7). इस समय आप किसी यात्रा के बारे में सोच रहे हैं, और यह यात्रा जल अथवा स्थल सम्बन्धित है। आप कोई भूमि ख़रीदने या बेचने जा रहे हैं। इस सम्बन्ध में आप ज़्यादा सोच-विचार न करें, जो कुछ करना है शीघ्र करें। आपका जितना अधिक समय बीता जा रहा है, उतना ही आपको अधिक नुक़सान हो रहा है।

(8). इस समय आप भूतकाल में किये अपने कुछ ग़लत कार्यों को लेकर चिन्तित हैं। आप निश्चिन्त रहें, कुछ समय मानसिक परेशानी तो बनी रह सकती है, पर इससे आपका गम्भीर अहित होने की सम्भावना नहीं है।

(9). जल्दीबाजी अथवा लापरवाही से आपसे कोई ऐसा कार्य हो गया है, जो आपकी मान-प्रतिष्ठा के लिए अनुचित है। इस समय आपकी मन:स्थिति ठीक नहीं है। आप मृत्यु के बारे में सोच एवं गहन चिन्तन कर रहे हैं तथा भावी घाटे या आशंका से चिन्तित है। उतावलेपन में कोई ऐसा क़दम न उठायें, सही समय आने पर सब ठीक हो जायेगा।

(10). इस समय आप छोटी-छोटी बातों पर क्रोधित हो रहे हैं और बेकार की चिन्ता कर रहे हैं। या तो आपका सम्बन्ध किसी ऐसे दुष्ट व्यक्ति से हो गया है, जिसके बारे में आप चिन्तित हैं या आपने किसी ग़लत इकरारनामे (Contract) पर हस्ताक्षर कर दिये हैं, जिसकी वजह से आप पछता रहे हैं। इस समय आपको हानि होने की आशंका है, अपना अगला कदम बेहद सावधानी से उठायें।

(11). इस समय आप किसी चीज़ के क्रय-विक्रय के बारे में सोच रहे हैं और उसका मूल्य स्थिर नहीं कर पा रहे हैं। चिन्ता मत कीजिए, आपने उस चीज़ का जो मूल्य लगाया है, वह लगभग सही है। आप अपने वचनों पर दृढ़ रहिए। अपनी साख जमाने की यह सबसे बड़ी कसौटी है।

(12). इस समय आप किसी योजना को लेकर उलझन में है कि आपकी योजना कहीं विफल न हो जाये। यह योजना किसी पार्टी की या किसी जलसे को लेकर है। इस बारे में आप जो सोच रहे हैं, वह ठीक है। आप अपने उद्देश्य में पूरी तरह से सफल होंगे।

(13). इस समय आप सोच रहे हैं कि लॉटरी या सट्टे से आपके पास ढेर सारे पैसे आ जायेंगे। आपका ऐसा सोचना पूरी तरह से ग़लत है, क्योंकि आपके जीवन में किसी भी प्रकार आकस्मिक धन लाभ का योग नहीं है। इसलिए बेहतर

होगा कि आप इन व्यसनों को हमेशा-हमेशा के लिए त्याग दें।

(14). आप अपनी बहन या फिर अपनी बेटी को लेकर चिन्तित है। इस समय आपका समय आपके अनुकूल नहीं है। इस समय आपको धैर्य से काम लेना चाहिए। बेहद जल्द आपको आपकी इच्छानुसार समाचार मिलेंगे, जो आपके लिए शुभ होंगें।

(15). आपको कोई हानि होने की आशंका है या फिर किसी रिश्तेदार की मृत्यु से चिन्तित हैं। यह बात सच है कि समय आपके अनुकूल नहीं है। होनी को आप टाल नहीं सकते। आप सब्र से काम करें, आपकी हानि कम-से-कम होगी।

(16). इस समय आप अपने किसी सहायक के बारे में सोच रहे हैं। वह अवश्य आपकी मदद के लिए आगे आयेगा। इसके अलावा आपकी ससुराल, पत्नी या ऐसे ही रिश्तेदारों के बारे में शुभ समाचार प्राप्त हो सकते हैं। यदि आप अपने नौकर के बारे में सोच रहे हैं, तो आपको सतर्कता से काम लेना चाहिए। आप उसकी गतिविधियों पर नज़र रखेंगे, तो बेहतर होगा।

(17). इन दिनों आपकी परिस्थितियाँ आपके प्रतिकूल हैं। हो सकता है कि आपको कोई अशुभ समाचार सुनने को मिले या फिर यह भी हो सकता है कि आपने जो निश्चय किया है, उसमें कोई बाधा आ जाये। इन दिनों आपको हर काम अच्छी तरह से सोच-विचार करके करना चाहिए।

(18). कई दिनों से आप यात्रा करने के उत्सुक हैं, लेकिन आप यात्रा नहीं कर पा रहे। वास्तव में थोड़े दिन में आपका सही समय आ जायेगा। उसके बाद आप यात्रा के लिए प्रस्थान कर सकेंगे। इस यात्रा में और यात्रा की समाप्ति पर निश्चित रूप से आपको ढेर सारी खुशियाँ मिलेंगी।

(19). इस समय परिस्थितियाँ आपके प्रतिकूल हैं। हो सकता है कि आपको कोई अशुभ समाचार मिले या फिर आपने जो निश्चय किया है, उसमें बाधाएँ आ जायें। कुछ दिनों तक आप घर से बाहर जाने पर सावधानी बरतें, क्योंकि आपके अस्पताल में भर्ती होने की सम्भावना भी है।

(20). आपका प्रश्न पत्र, संवाद या आपके परम मित्र से सम्बन्धित है। इसके अलावा आप कोई शुभ समाचार सुनने के लिए उतावले हो रहे हैं। आप निश्चिंत रहें, जल्द ही आपकी यह मनोकामना पूरी होगी।

(21). आप इस समय अपने होने वाले लाभ के बारे में सोच रहे हैं। आप अपनी किसी चीज़ को लेकर परेशान चल रहे हैं, जो पहले आपकी थी और अब किसी और के क़ब्ज़े में है। कुछ दिनों में आपका यह काम भी बन जायेगा।

(22). इस समय आप अन्याय को लेकर चिन्तित हैं। ऐसा भी हो सकता है कि आपने अपनी बिटिया की सगाई जिस लड़के से की है, वह निकम्मा और बेरोज़गार हो। या फिर ऐसा भी हो सकता है कि आप किसी ऐसे समझौते पर अपने हस्ताक्षर

कर चुके हैं, जो आपके लिए शुभ नहीं है। आप कुछ समय सब्र से काम लीजिए और किसी समझौते पर हस्ताक्षर करने से पहले उसे अच्छी तरह से पढ़ें। अगर आपको कोई बात समझ में नहीं आती, तो अपने मित्रों से सलाह लें।

(23). इस समय आप भोग-विलास की वस्तुओं को लेकर परेशान हैं। आप या तो अपना मकान बनवाना चाहते हैं, या फिर ऐशोआराम की वस्तुएँ ख़रीदना चाहते हैं। या फिर किसी उच्च पद को पाने के लिए प्रयत्नशील हैं। आपका आने वाला समय आपके लिए अनुकूल है। आप अपने प्रयास जारी रखें। कुछ दिनों में आपको निश्चित रूप से सफलता मिलेगी।

(24). इस समय आप अपने पारिवारिक झगड़ों को लेकर परेशान व चिन्तित हैं। आपकी स्वयं की आर्थिक स्थिति भी इस समय डावाँडोल है। हो सकता कि आने वाले दिनों में आपकी मानहानि हो या फिर आज जिस बात को छिपाकर चल रहे है, वह बात सबके सामने आ जाये।

(25).आपको जो लाभ मिल रहा है, उससे आप सन्तुष्ट नहीं हैं। आप और अधिक लाभ चाहते हैं। स्वर्ण-संग्रह, वस्तु संग्रह या इसी प्रकार के किसी व्यापार की ओर प्रयत्नशील हैं।

आपको सफलता मिलेगी, मगर सावधानी बरतने के बाद। थोड़ी-सी लापरवाही आपको परेशानी में डाल सकती है।

(26). जिस ज़मीन-जायदाद को लेकर आप परेशान हैं, उसका निपटारे के बारे में आप अभी सोचना ही छोड़ दीजिए। उम्मीद के आसार बहुत कम हैं। आप अपने सारे कार्य शातिपूर्वक कीजिए, सही समय आने पर स्थितियाँ अपने-आप ठीक हो जायेंगी।

(27). इस समय आप किसी यात्रा को लेकर बेहद उत्सुक हैं, पर कुछ अड़चनें आ रही हैं। आप अपने भाई की किसी समस्या को लेकर परेशान हैं। आप उस समाचार को लेकर भी परेशान हैं, जो आपको हाल ही में प्राप्त हुआ है।

आपका यह समय एक प्रकार से परेशानियों का समय है, इसलिए आप शांत रहें और सब्र से काम लें।

(28). इन दिनों आप ठोस धरातल पर नहीं बल्कि अपने कल्पनालोक में खोये हुए हैं। आपने जो कल्पनाएँ कीं है या जो हवामहल बनाये हैं, वे सच नहीं हो सकते। आपको इस ज़माने की हक़ीक़त को जानना चाहिए। उसके बाद आगे बढ़ने की कोई योजना बनानी चाहिए। आप तभी सफलता की ओर बढ़ सकेंगे।

(29). इस समय आप किसी लड़ाई-झगड़े के बारे में सोच रहे हैं, या फिर आप किसी बीमारी को लेकर परेशान हैं। यह भी हो सकता है कि आप अपनी निर्धनता पर ही खीझ रहे हों। जहाँ तक स्वास्थ्य का प्रश्न है, कुछ समय तक यह स्थिति ऐसी ही रहेगी। आप रोगों से मुक्त होंगे, लेकिन इसके लिए आपको थोड़ा समय और चाहिए।

(30). आप अपने बेटे की शादी या उसके दहेज़ के बारे में सोच रहे हैं अथवा अपनी धनवृद्धि के उपायों पर विचार कर रहे हैं। आप जो समाचार सुनना चाहते हैं, वह आपको बेहद जल्द सुनने को मिलेगा। हाल-फिलहाल आप निश्चिन्त रहें।

(31). इस समय आप विदेश के बारे में सोच रहे हैं या विदेश-स्थित किसी सम्बन्धी के प्रति चिन्तित है। इसके अलावा कृषि, भूगर्भ, जल-समस्या या हानिप्रद जन्तु आदि के बारे में चिन्ताग्रस्त हैं। अगले महीने आपको इन बातों से सम्बन्धित कोई शुभ समाचार सुनने को मिलेगा।

(32). आप अपने व्यक्तित्व को लेकर परेशान है और कुछ ऐसा चाहते हैं, जिससे आपका व्यक्तित्व निखरे और आप प्रसिद्धि पाप्त करें। आपका कुछ धन भी अटका पड़ा है, आप उसके बारे में भी चिन्तित हो सकते हैं। यह कार्य शीघ्र ही हो जायेगा, निश्चिन्त रहें।

(33). इस समय आप अपनी तरक्की के बारे में सोच रहे हैं और यह जानने के लिए बेहद उत्सुक हैं कि आपको इससे सम्बन्धित शुभ समाचार कब सुनने को मिलेगा। इस समय आपका भाग्य शुभ है। शीघ्र ही आपको कोई शुभ समाचार सुनने को मिलेगा। यदि आप भाई की किसी समस्या को लेकर परेशान हैं, तो निश्चित समझिए कि यह समस्या बेहद जल्द दूर हो जायेगी।

(34). इस समय आप व्यापार-वृद्धि, आर्थिक लाभ या इसी प्रकार के अन्य किसी समाचार को लेकर परेशान हैं। आप जानना चाहते हैं कि आपके व्यापार में वृद्धि कब होगी? कुछ सप्ताहों में आपको शुभ समाचार सुनने को मिल सकता है।

(35). इस समय आपके मन में गुप्त योजनाएँ हैं, जिन्हें आप साकार होते देखने चाहते हैं। हो सकता है कि आप किसी स्त्री के बारे में चिन्तित हों, यह स्त्री आपकी प्रेमिका भी हो सकती है या आपकी पत्नी भी। इस समय भाग्य आपके अनुकूल नहीं है। समय आपकी मानहानि भी करा सकता है। आप बेहद सावधानी से अपने सभी कार्यों को अंजाम दें। कुछ समय बाद आपको यक़ीक़न कोई शुभ समाचार सुनने को मिलेगा। धैर्य से काम लें।

(36). इस समय आप सट्टे के बारे में सोच रहे हैं, या यह सोच रहे हैं कि आपको आकस्मिक धन प्राप्त होगा या नहीं।

समय आपके अनुकूल नहीं है, इसलिए गुप्त धन की आशा व्यर्थ है। यह भी हो सकता है कि आप अपने बीमार बच्चे के बारे में सोच रहे हों या भाई से झगड़े की बावत अथवा पारिवारिक कलह के बारे में भी सोच रहे हों।

कुछ भी स्थिति हो, समय आपके अनुकूल नहीं है। आपको अपना एक-एक क़दम फूँक-फूँक कर आगे बढ़ाना चाहिए।

(37). जल्दबाज़ी में आपने कोई समझौता कर लिया है, जिसकी वजह से आप

परेशान हैं या फिर आप अपनी प्रेमिका-पत्नी को लेकर परेशान हैं। समय आपके अनुकूल नहीं है, इसलिए आपको ऐसे कोई काम नहीं करना चाहिए, जो आपके मान-सम्मान को ठेस पहुँचाए।

(38). आपके मन में जो प्रश्न है, वह किसी रोग को लेकर है। आप यह जानना चाहते हैं कि यह रोग कब समाप्त होगा? शारीरिक कष्ट ज़रूरत से ज़्यादा ही हो रहा है और मानसिक परेशानी से भी आप पूरी तरह से परेशान हैं। कुछ समय धैर्य से काम लें। आपका शुभ समय आने ही वाला है।

(39). आप किसी भवन, ठेका या किसी ऐसे ही सम्बन्धित कार्य से चिन्तित है अथवा अपनी अचल सम्पत्ति को लेकर परेशान हैं। बेहद जल्द आप इस परेशानी से मुक्त हो जायेंगे।

(40). आप किसी ख़ास मौक़े पर ज़ेवर बनवाने या ख़रीदने के बारे में सोच रहे हैं। क़ीमती वस्त्रों की ख़रीदारी भी आपको परेशान कर रही है। आप योजना बनाकर चलें। निश्चिन्त रहें, कुछ समय बाद ही आप अपनी समस्या से बाहर निकल जायेंगे।

(41). आप अपनी बदनामी के भय से चिन्तित है और चाहते हैं कोई अच्छा हल निकल आये, जिससे आप अपनी उलझनों से बाहर निकल आयें। अपनी प्रतिष्ठा को बचाने के लिए आप सब कुछ दाँव पर लगा दीजिए, कुछ समय बाद समय आपका साथ देगा, फिर आप अपनी सारी परेशानियों से मुक्त हो जायेंगे।

(42). इस समय आपके कुछ अधिकारी या कोई विशेष जन आपसे अप्रसन्न है, जिसे आप खुश देखना चाहते हैं। आप चिन्ता मत कीजिए। जल्द ही आपका शुभ समय आने वाला है, फिर स्थिति आपके अनुकूल होते देर न लगेगी। इस समय आपको मानसिक तनाव से दूर रहना चाहिए।

(43). इस समय आप किसी वृद्ध व्यक्ति को लेकर चिन्तित हैं। वे आपके माता-पिता भी हो सकते हैं या कोई अन्य, जिसके आप बहुत क़रीब हैं। आप किसी भवन को लेकर थोड़ी चिन्ता में हैं कि उसकी मरम्मत अभी करायी जाये या बाद में। यह समय आपके अनुकूल हैं। आपके सारे काम धीरे-धीरे सम्पन्न होने की उम्मीद की जा सकती है।

(44). आप अपने भाई से सम्बन्धित किसी समस्या को लेकर चिन्तित है और चाहते हैं कि जल्दी ही उसका समाधान हो जाये। आप धार्मिक कार्य भी करना चाहते हैं तथा उसके बारे में भी गहन सोच-विचार कर रहे हैं। इस समय भाग्य आपके अनुकूल है। जल्दी ही आपको अपनी परेशानियों से मुक्ति मिल जायेगी।

(45). आपका प्रश्न किसी विवाह को लेकर है, जिसे आप अच्छी तरह से सम्पन्न होते देखना चाहते हैं। आपका समय शुभ है। निश्चिन्त रहे, आप अपने कार्यों में सफल होंगे।

(46). आपका प्रश्न आपके मित्र को लेकर है। आप कदापि नहीं चाहते कि आप दोनों के बीच किसी बात को लेकर मतभेद हो। इस समय आपका समय आपके भाग्य के प्रतिकूल है। सही समय आने पर आपकी सारी चिन्ताएँ दूर हो जायेंगी। आपका शुभ समय आने ही वाला है। आपका एक और प्रश्न अपने व्यापार को लेकर भी है। अगर आप पीली वस्तुओं का दान करेंगे, तो व्यवसाय से आपको भरपूर लाभ मिलेगा।

(47). आपका प्रश्न मुकदमेबाज़ी से सम्बन्धित है। आप इस मुकदमे में अपनी जीत चाहते हैं, या फिर कोई ऐसा समझौता चाहते हैं, जिससे आपकी छवि पर बुरा प्रभाव न पड़े। इस समय आपका भाग्य सुप्त है। आगे चलकर आप मुकदमेबाज़ी में जीत हासिल कर पायेंगे।

(48). आप अपने मकान में मरम्मत कराना चाहते हैं, पर पारिवारिक कठिनाइयों के कारण ऐसा नहीं कर पा रहे हैं। आपको यही सलाह दी जाती है कि आप धैर्य से काम करें, जल्द ही आपको इस समस्या का समाधान मिल जायेगा।

(49). आप अपने स्थान-परिवर्तन के बारे में जानने को उत्सुक हैं और चाहते हैं कि आपकी बदली किसी अच्छी जगह पर हो जाये, जिससे भविष्य में सुविधा हो सके। निश्चिन्त रहें, आपका शुभ समय आने ही वाला है। आप धैर्य धारण करें।

(50). आप अपनी यात्रा के बारे में जानना चाहते है कि वह सफल रहेगी या असफल होगी? इसके अलावा आप किसी दुःखद समाचार को लेकर भी चिन्तित हैं। धैर्य रखिए ईश्वर पर विश्वास कीजिए। कुछ दिनों में स्थिति आपके अनुकूल हो जायेगी।

(51). आप अपने धनलाभ को लेकर चिन्तित हैं। आप यह जानना चाहते हैं कि आपने जो समझौता किया है, उससे आपको धनलाभ होगा या नहीं? आप अपने रोज़गार के प्रश्न को लेकर भी परेशान हो सकते हैं। आपकी सार समस्याओं का समाधान होगा इसके लिए आपको धैर्य से काम लेना चाहिए।

(52). आपकी निश्चित रूप से कोई क़ीमती चीज़ खो गयी है, जिसकी वजह से आप परेशान हैं। आप यह भी जानना चाहते हैं कि वह वस्तु फिर से मिलेगी या नहीं? ये भी हो सकता है कि आप यह भी जानना चाहते हैं कि आपको पुराने रोग से कब मुक्ति मिलेगी? समय आपके अनुकूल है। आपकी स्थिति सुधरने में वक़्त लग सकता है।

(53). आपका प्रश्न अपनी उन्नति एवं पदवृद्धि से सम्बन्धित है। इसके साथ ही आप यह भी जानना चाहते हैं कि राज्यकृपा आप पर कब होगी अथवा उन्नति कब होगी? किसी खोई हुई वस्तु को लेकर आप परेशान हैं। आपकी सारी समस्याओं का समाधान अति शीघ्र होगा।

(54). इस समय आप किसी शारीरिक तथा मानसिक परेशानी से जूझ रहे हैं। इसके अलावा आप यह भी सोच रहे हैं कि आपकी पत्नी या पुत्री की लम्बी

बीमारी कब ठीक होगी? समय अनुकूल नहीं है, आपकी स्थिति सुधरने में वक़्त लग सकता है। अपने परम इष्ट की प्रतिदिन पूजा करें।

(55). आप किसी की मृत्यु से परेशान हैं या आपकी कोई क़ीमती चीज़ खो गयी है। आप किसी ऐसे शर्तनामे के प्रति भी चिन्तित हैं, जो आपके लिए प्रतिकूल होता जा रहा है। इस समय आपका भाग्य अनुकूल नहीं है। आप अपने-आपको जितना बचा सकें, उतना ही अच्छा होगा।

(56). आप किसी दूर के रिश्तेदार या विदेश में बसे अपने मित्र के लिए परेशान हैं। आप उसके बारे में जानना चाहते हैं। इसके अलावा आप किसी आर्थिक मामले को लेकर परेशान हैं। आपकी सारी समस्याओं का समाधान अति शीघ्र होगा।

(57). आप किसी धन-राशि को लेकर परेशान हैं, जोकि आपको प्राप्त नहीं हो सकी है। अपनी पेंशन या बैंक बैलेंस आदि के मामले को भी लेकर आप चिन्तित हैं। धैर्य रखें। समय आपके अनुकूल है। आपकी सारी समस्याओं का समाधान शीघ्र ही होगा।

(58). आप किसी झगड़े या वकील से सम्बन्धित किसी बात को लेकर चिन्तित हैं। समय आपके अनुकूल नहीं है। धैर्य से काम लें।

(59). आपका प्रश्न अपने किसी रिश्तेदार की बीमारी या अपने व्यवसाय को लेकर है। समय आपके अनुकूल नहीं है। आपको धैर्य से काम लेना चाहिए।

(60). आपका प्रश्न किसी धार्मिक विषय से सम्बन्धित है। धर्म के मामले में आपको जिस समस्या का सामना करना पड़ा है, वह शीघ्र ही दूर होगी।

(61). आप अपने व्यवसाय तथा नौकर को लेकर चिन्तित हैं। समय आपके अनुकूल नहीं है। कार्य-प्रगति में बाधाएँ दिखायी दे रही हैं।

(62). आपका प्रश्न पिता से सम्बन्धित है और उनके रहस्य के बारे में जानने के लिए आप बेहद उत्सुक हैं। यह भी हो सकता है कि आप पैत्रिक सम्पत्ति के बारे में जानने को उत्सुक हों कि वह धन आपको मिल सकेगा या नहीं। समय आपके अनुकूल नहीं है। धैर्य बरतें।

(63). आपकी कोई वस्तु खो गयी है, जिसे लेकर आप परेशान हैं। यह भी हो सकता है कि आपके किसी क़रीबी रिश्तेदार की मृत्यु हो गयी है और इससे उत्पन्न समस्या से ग्रस्त हों। खोई हुई वस्तु का फिर से मिलना कठिन-सा लग रहा है।

(64). आप अपनी उन्नति या पदवृद्धि के बारे में सोच रहे हैं और जानना चाहते हैं कि आपकी तरक्की कब होगी? आपका प्रश्न आपके व्यवसाय को लेकर भी हो सकता है।

(65). आप यह जानना चाहते हैं कि आप जिस यात्रा पर जा रहे हैं, वह आपके

लिए शुभ रहेगी या अशुभ। भाग्य आपके अनुकूल है। आपकी यात्रा शुभ रहेगी।

(66). आपका प्रश्न यह है कि आप जिस चिकित्सालय से इलाज करा रहे हैं, वहाँ से आपका स्वास्थ्य ठीक हो सकता है या नहीं? प्रश्न अनुकूल है। आप निश्चिन्त होकर वहाँ से इलाज करा सकते हैं।

(67). आप अपने बच्चे के स्वास्थ्य को लेकर चिन्तित हैं। या आप यह जानना चाहते हैं कि आपकी खोई हुई वस्तु आपको फिर से मिल पायेगी?

प्रश्न अनुकूल है। आपके दोनों काम शीघ्र ही सम्पन्न हो जायेंगे।

(68). आपका प्रश्न यही है कि आपको कहीं गवाही देनी है, लेकिन आप गवाही देने से हिचकिचा रहे हैं।

अभी समय आपके अनुकूल नहीं है, अत: आप सावधानी से आगे बढ़ें। गवाही को आप टाल दें, तो बेहतर होगा।

(69). आप अपने व्यापार में आयी मन्दी के लिए परेशान हैं। परिस्थितियाँ आपके अनुकूल नहीं है। आपको धैर्य बरतने की ज़रूरत है। अत: कुछ दिन इन्तज़ार करें।

(70). आपका प्रश्न अपनी पत्नी के स्वास्थ्य से सम्बन्धित हो सकता है या फिर आप यह जानना चाहते हैं कि आप जो समझौता करने जा रहे हैं, वह ठीक रहेगा या ग़लत?

भाग्य आपके अनुकूल नहीं है। इसलिए कोई भी समझौता सोच-समझकर करें। आपकी पत्नी का स्वास्थ्य जल्द ही ठीक हो जायेगा। किसी अच्छे चिकित्सक से इलाज करवाएँ।

(71). आप यह जानना चाहते हैं कि आपके बारे में अन्य लोग क्या सोचते हैं। या फिर आपका प्रश्न किसी जलाशय या जल से सम्बन्धित भी हो सकता है।

(72). आपके मन में दो प्रश्न हैं। पहला–आपको धन-लाभ कब होगा तथा आपको रोज़गार के क्षेत्र में आना चाहिए या फिर कोई नौकरी करनी चाहिए?

आपका समय आपके साथ है। कुछ दिनों बाद आपके दोनों काम सम्पन्न हो जायेंगे। आपको रोज़गार के बजाय नौकरी पर ध्यान देना चाहिए।

(73). आप अपने भाई की किसी समस्या को लेकर परेशान हैं या फिर आप अपने पद को लेकर चिन्तित हैं। निश्चिन्त रहें, समय अनुकूल है। आपके सारे कार्य सिद्ध होंगे।

(74). आप अपने किसी शत्रु से परेशान हैं, भयभीत हैं, यह कहना उचित रहेगा। आपके दिमाग़ में यह बात पूरी तरह से बैठ चुकी है कि वह आपसे शक्तिशाली है, इस वजह से आपका अहित होगा। जबकि ऐसा नहीं है। भाग्य आपके अनुकूल है, आप अपने शत्रु को ईंट का जवाब पत्थर से देने में सफल रहेंगे।

(75). आप अपने पशुधन के बारे में जानना चाहते हैं। साथ ही आप यह भी जानना

चाहते हैं कि आपके पुत्र की उन्नति कब तक होगी। आपके दोनों प्रश्न अनुकूल हैं। निश्चिन्त रहें, भाग्य आपके साथ है। आपके दोनों काम शीघ्रता से सम्पन्न होंगे।

(76). आप इस समय अपनी उन्नति के बारे में जानना चाहते हैं। आप यह भी जानना चाहते हैं कि आपको मनोवांछित सफलता कब मिल सकेगी। समय अनुकूल है। सारे कार्य सम्पन्न होंगे। धैर्य से काम लें।

(77). आप अपने नौकर की उलटी-सीधी हरकतों से परेशान हैं। आप यह जानना चाहते हैं कि वह आपको कहीं धोखा तो नहीं देगा? समय अनुकूल नहीं है। आपका नौकर विश्वसनीय नहीं है।

समय आपके विपरीत है। अत: आपको पूरी तरह से सावधानी बरतनी चाहिए।

(78). किसी कारागार या अस्पताल में पड़े अपने किसी मित्र या रिश्तेदार के बारे में चिन्तित हैं तथा उसके भविष्य के बारे में जानना चाहते हैं। जहाँ तक हो सके आप अपने-आपको उलझने से बचाएँ।

(79). आप इस समय अपनी उन्नति एवं समृद्धि के बारे में जानने को उत्सुक हैं। आप यह भी जानना चाहते हैं कि यह प्रगति कब तक हो सकेगी तथा कब मनोवांछित फल मिल सकेगा। समय अनुकूल नहीं है। धैर्य से काम लें। अपने इष्ट की प्रतिदिन पूजा-अराधना करें।

(80). आपका प्रश्न किसी लाभ-हानि से सम्बन्धित है। भाग्य आपके अनुकूल है, इसलिए आपको सफलता अवश्य मिलेगी।

(81). आप अपने स्वास्थ्य को लेकर चिन्तित है। भाग्य आपके साथ है। आप जल्द ही स्वास्थ हो जायेंगे।

(82). आप दहेज के बारे में जानना चाहते हैं अथवा उस अप्रत्याशित लाभ के बारे में जानना चाहते हैं, जिसे प्राप्त होने की आपको उम्मीद है। समय अनुकूल नहीं है। दहेज के बारे में सोचना ठीक नहीं है।

(83). आपका मुख्य प्रश्न व्यापार से सम्बन्धित है। या फिर आप यह जानना चाहते हैं कि आपके पुत्र की सगाई कब तक हो जायेगी। समय अनुकूल है। आपके सारे काम शीघ्रता से सम्पन्न होंगे।

(84). आप अपनी कन्या के विवाह को लेकर चिन्तित हैं। धैर्य रखें, समय आपके अनुकूल है। शीघ्र ही आपकी बिटिया को अच्छे वर की प्राप्ति होगी।

९

अंक और रोग

प्रत्येक व्यक्ति अपने जीवन में सफल होना चाहता है। विद्या, धन, वैवाहिक आनन्द व भौतिक सुख-सुविधाएँ प्राप्त करना चाहता है। लेकिन इन सभी इच्छाओं को पूरा करने के लिए शरीर स्वस्थ होना चाहिए। यदि व्यक्ति स्वस्थ नहीं होगा, तो उसका मन किसी भी कार्य में साथ नहीं देगा। इसलिए हर व्यक्ति को स्वस्थ होना बेहद ज़रूरी है।

ज्योतिष में कुण्डली के षष्ठ भाव से रोगों की पहचान होती है, जिससे उसके उपाय किये जा सकते हैं। लेकिन कुण्डली के अभाव में अंक ज्योतिष से व्यक्ति को होने वाले रोग व उनके उपाय इस अध्याय में दिये जा रहे हैं। इन उपायों में से अगर आप कोई भी रत्न धारण करें, तो किसी विद्वान् ज्योतिषी की सलाह अवश्य लें, क्योंकि रत्न भाग्य बना भी सकते हैं तो भाग्य बिगाड़ भी सकते है।

अंक '1' : स्वामी सूर्य- चूँकि सूर्य ह्रदयरोग, सिर, बाल, क्रोध, रक्तचाप, हड्डियों, दाहिनी आँख, कुष्ठ रोग का कारक होता है इसलिए मूलांक '1' वाले जातकों को अपना रहन-सहन व खान-पान का ध्यान रखना चाहिए। सूर्योदय के समय सूर्य की ओर मुख करके ताँबे के लोटे में शुद्ध जल, गुड़, रोली व गुलाब की पत्तियाँ डालकर सूर्य को अर्ध्य दें।

अर्ध्य देते समय 'ऊँ घृणि सूर्य आदित्योम' मन्त्र का जाप 11 बार करें। रविवार को व्रत रखें तथा नमक का त्याग करें। सूर्य का रत्न माणिक्य सवा 5 रत्ती का सोने की अँगूठी में शुक्ल पक्ष के रविवार को सूर्यादय के समय प्राण-प्रतिष्ठा व मन्त्र जाप के बाद धारण करें। अँगूठी धारण करने के बाद गेहूँ, गुड़, ताँबा, या सोना, लाल वस्त्र दान करें।

मूलांक '1' वाले जातकों के लिये सुनहरी या पीला रंग शुभ होता है। अतः इन लोगों को सुनहरी रंग या पीले रंग के कपड़े अधिक पहनने चाहिए। घर के दरवाज़े खिड़कियों के परदे, सोफ़ा के कवर, बिस्तर पर चादर के लिए सुनहरी या पीले रंगों का इस्तेमाल करना चाहिए।

अंक '2' : स्वामी चन्द्र- चन्द्रमा की कफ़ प्रकृति है। चन्द्रमा मन का कारक है। अतः पीड़ित चन्द्रमा मानसिक रोग देता है। कफ़ प्रकृति का होने के कारण

क्षय रोग, जलोदर रोग, अतिसार, हृदय रोग, पेट में गैस, साँस के रोग, अस्थमा, मानसिक पीड़ा, दिमाग़ी बीमारी, कँपकँपी, खून की कमी व स्त्रियों में वक्ष रोग देता है। अतः इन व्यक्तियों को समय रहते सावधानियाँ बरतनी चाहिए तथा नियमित रूप से व्यायाम करते रहना चाहिए।

इन व्यक्तियों के लिए सफ़ेद रंग शुभ है, अतः सफ़ेद व हल्के रंगों के कपड़े अधिक पहनने चाहिए। इन लोगों को काले, नीले, लाल, बैंगनी व भूरे रंगों से बचना चाहिए। घर में खिड़कियों, दरवाज़े के परदे, सोफ़ा के कवर व बिस्तर पर चादर के लिए सफ़ेद या हल्के रंगों का इस्तेमाल करना चाहिए।

सोमवार का व्रत रखें तथ शिवजी की पूजा नियमित रूप से करें। 'ऊँ सोम सोमाय नमः' या 'ऊँ नमः शिवाय' मन्त्र की एक माला 108 बार प्रतिदिन जप करें।

चन्द्र का रत्न मोती है, अतः इन लोगों को सवा 8 रत्ती का मोती चाँदी की अँगूठी में जड़वाकर शुक्ल पक्ष के सोमवार को चन्द्रोदय के बाद प्राण-प्रतिष्ठा व 108 बार मन्त्र जाप के बाद धारण करना चाहिए। अँगूठी धारण के बाद दूध, चावल, सफ़ेद कपड़ा दान में देने चाहिए।

अंक '3' : स्वामी बृहस्पति- बृहस्पति ग्रह की प्रकृति कफ़ होती है। गुरु की गति मन्द होने के कारण जातक आलसी हो जाता है तथा चरबी का कारक होने कारण व खान-पान की अधिकता के कारण मोटा जाता है। मोटापा कई बीमारियों को जन्म देता है।

बृहस्पति गुरदा, पित्त की थैली, तिल्ली, शरीर की चर्बी, मूर्छा, कान के रोग, मधुमेह, किडनी, कमज़ोर पाचन तन्त्र व पीलिया का कारक है। इसलिए बृहस्पति प्रभावित मूलांक '3' के जातकों को हमेशा खान-पान में ध्यान रखना चाहिए तथा नियमित व्यायाम व सुबह की सैर करनी चाहिए। प्रतिदिन सत्यनारायण की कथा करें तथा विष्णु के अवतारों की पूजा करें। बृहस्पति का व्रत करें।

इन व्यक्तियों को पीले रंग के कपड़े अधिक पहनने चाहिए व हरे रंग के कपड़े कम पहनने चाहिए। घर की खिड़कियों, दरवाज़े, सोफ़ा के कवर व बिस्तर पर पीली चादर का इस्तेमाल करना चाहिए।

बृहस्पति का रत्न पुखराज है। अतः इन व्यक्तियों को सवा 5 रत्ती का पुखराज सोने की अँगूठी में शुक्लपक्ष में गुरुवार को सूर्योदय के बाद तर्जनी अँगुली में प्राण-प्रतिष्ठा व 108 बार 'ऊँ वृं वृहस्पति नमः' मन्त्र का जाप करने के बाद धारण करना चाहिए। अँगूठी धारण करने के बाद हल्दी की गाँठ, चना दाल, पीला वस्त्र दान में देने चाहिए।

अंक '4' : स्वामी राहु- राहु असाध्य रोग, दाँतों के रोग, ज़हर, नर्वस ब्रेकडाउन, हिचकी, उन्माद, आत्महत्या की प्रवृत्ति, फूड प्वायज़निंग, रक्त की कमी, दिल के रोग,

केंसर, दिमाग़ी बीमारी का कारक है। अतः मूलांक '4' वाले जातकों का अत्यधिक भोजन नहीं करना चाहिए, जिससे उन्हें उच्च रक्तचाप की शिकायत न हो।

ऐसे जातकों को किसी भी स्थिति में ज़्यादा मेहनत करना व बहुत मन से काम करने पर अच्छे परिणाम न मिलने पर निराशा होती है, इसलिए ऐसे जातकों को गणेश जी की पूजा करनी चाहिए और बुधवार का व्रत रखना चाहिए।

इन लोगों को नीले या भूरे रंग के कपड़े पहनने चाहिए तथाा गहरे रंग के कपड़े कम पहनने चाहिए। घर की खिड़कियों, दरवाज़ों, सोफ़ा के कवर व बिस्तर पर नीली या भूरे रंग की चादर का इस्तेमाल अधिक करना चाहिए।

राहु का रत्न गोमेद है, अतः इन व्यक्तियों को सवा 5 रत्ती का गोमेद पंचधातु में शुक्लपक्ष के बुधवार या शनिवार को सूर्योदय के बाद प्राण-प्रतिष्ठा व मन्त्र 'ऊँ राहु राहवे नमः' का जाप 108 बार करके मध्यमा अँगुली में धारण करना चाहिए। अँगूठी धारण करने के बाद कम्बल, लोहा, तिल, नीले या काले वस्त्र दान में देने चाहिए।

अंक '5' : स्वामी बुध- बुध की प्रकृति वात, कफ़ तथा पित्त तीनों की है। बुध की गति अधिक होने के कारण मूलांक '5' वाले जातक ज़्यादा कर्मशील होते हैं। यह व्यक्ति आराम कम करते हैं, जिससे कभी-कभी इन्हें नर्वस ब्रेकडाउन हो जाता है।

बुध त्वचा से सम्बन्धित रोग, सरदी-जुकाम, स्नायु रोग, गले, नाक, फेफड़ा मानसिक चिन्तन, दोषपूर्ण वाणी, नपुंसकता, गले के रोग, बहरापन व दुःस्वप्न का कारक है। इसलिए मूलांक '5' वाले जातकों को सभी कार्य आराम से धीरे-धीरे करने चाहिए और थोड़े-थोड़े अन्तराल के बाद आराम करना चाहिए।

इन लोगों को विष्णु जी के नाम का जाप प्रतिदिन करना चाहिए। बुध का रत्न पन्ना है। अतः ऐसे व्यक्तियों को सवा 5 रत्ती का पन्ना सोने की अँगूठी में जड़वाकर शुक्लपक्ष के बुधवार को कनिष्का अँगुली में सूर्योदय के बाद प्राण-प्रतिष्ठा व मन्त्र जाप 'ऊँ बुं बुधाय नमः' 108 बार करने के बाद धारण करना चाहिए। अँगूठी धारण करने के बाद हरी दाल, पालक तथा हरे कपड़े दान करने चाहिए।

मूलांक '5' वाले जातकों के लिए हरा रंग शुभ होता है। अतः इन्हें हरे रंग के कपड़े अधिक पहनने चाहिए तथा लाल व काले रंगों के कपड़े कम पहनने चाहिए। घर की खिड़कियों, दरवाज़े, सोफ़ा के कवर व बिस्तर पर हरे रंग की चादर का इस्तेमाल अधिक करना चाहिए।

अंक '6' : स्वामी शुक्र- शुक्र की प्रकृति वात व कफ़ है। शुक्र प्रेम, भोग-विलास, ऐश्वर्य, वीर्य, गुप्त अंगों, प्रजनन तन्त्र, नेत्रों की सुन्दरता, किडनी, जुकाम, गले, हारमोंस, श्वेत प्रदर, मधुमेह, गुरदे की पथरी, टाइफाइड, अपेण्डिसाइटिस का कारक है।

मूलांक '6' वाले जातकों को सामान्य जीवन व्यतीत करना चाहिए और सभी कार्यों में बेहतर तालमेल रखना चाहिए। सिक्के के दोनों पहलुओं को ध्यान में रखकर शुक्रजनित गुप्त रोगों से बचना चाहिए।

मूलांक '6' वाले व्यक्तियों को लक्ष्मी जी की पूजा नियमित रूप से प्रतिदिन करनी चाहिए।

मूलांक '6' वाले व्यक्तियों के लिए शुक्र का रत्न हीरा, प्लेटिनम या चाँदी में जड़वाकर शुक्लपक्ष के शुक्रवार को सूर्योदय के बाद प्राण-प्रतिष्ठा व मन्त्र 'ऊँ शुक्र शुक्राय नम:' का जाप 108 बार करने के बाद अनामिका अँगुली में धारण करना चाहिए। अँगूठी धारण करने के बाद दूध, दही, या चावल का दान करें।

मूलांक '6' वाले जातकों के लिए शुभ रंग सफ़ेद व आसमानी है, अत: इन लोगों को सफ़ेद या आसमानी रंग के कपड़े पहनने चाहिए तथा लाल या पीले रंगों के कपड़े कम पहनने चाहिए। घर की खिड़कियों, दरवाज़े, सोफ़ा के कवर व बिस्तर पर सफ़ेद या आसमानी रंग की चादर का इस्तेमाल अधिक करना चाहिए।

अंक '7' : स्वामी केतु- मूलांक '7' वाले जातक शारीरिक दृष्टि से मज़बूत नहीं होते हैं और अधिक संवेदनशीलता के कारण थोड़ी सी परेशानी में भी अधिक बेचैन हो जाते हैं, जिससे चिड़चिड़ापन आ जाता है।

मूलांक '7' वाले जातक समाज से थोड़ा दूर रहने की कोशिश करते हैं। मूलांक '7' वाले जातकों को राहु जनित सभी रोग, चर्म रोग, कुष्ट रोग, जानवर से काटे जाना व अनिश्चित कारण वाले रोग महामारी, छाले युक्त ज्वर, संक्रमक रोग, दोषपूर्ण वाणी व शल्यक्रिया से बचाव के लिए शारीरिक व्यायाम या मानसिक चिन्ताओं से दूर रहना चाहिए।

इन लोगों को गणेश जी की पूजा नियमित रूप से करनी चाहिए व चतुर्थी का व्रत रखना चाहिए। इन्हें लहसुनिया रत्न पंचधातु में जड़वाकर शुक्लपक्ष के बुधवार को सूर्योदय के बाद प्राण-प्रतिष्ठा व मन्त्र 'ऊँ केतु केतवे नम:' का जाप 108 बार करने के बाद कनिष्का अँगुली में धारण करना चाहिए।

मूलांक '7' वाले जातकों को हल्के रंग के कपड़े पहनने चाहिए तथा लाल या काले रंगों के कपड़े कम पहनने चाहिए। घर की खिड़कियों, दरवाज़े, सोफ़ा के कवर व बिस्तर पर हल्के रंगों की चादर का इस्तेमाल अधिक करना चाहिए तथा लाल व काले रंगों से बचना चाहिए।

अंक '8' : स्वामी शनि- शनि की प्रकृति वायु प्रकृति है। मूलांक '8' वाले जातकों में शनि का अधिक भाव होने के कारण गठिया, घुटनों का दर्द, कानों में पीड़ा, दाँतों में दर्द, पैरों में दर्द, थकान व कमज़ोरी, आलस्य, रीढ़ की हड्डी, जोड़ों में दर्द, बवासीर, दु:ख, निराशा, झुर्रियाँ, जिगर सम्बन्धित रोग होने की सम्भावना

अधिक होती है। अतः मूलांक '8' वाले जातकों को आलस्य दूर करते हुए नियमित व्यायाम करना चाहिए और अपने परिवार के साथ अधिक समय व्यतीत करना चाहिए।

शनि के अशुभ प्रभाव को कम करने के लिए आपको प्रत्येक शनिवार को शनिदेव के मन्त्रों का जाप व पूजा करनी चाहिए। आपको शनि का रत्न नीलम चाँदी की अँगूठी में बनवाकर शुक्लपक्ष के शनिवार को सूर्यास्त के पश्चात् प्राण-प्रतिष्ठा व मन्त्र 'ऊँ शं शनैचराय नमः' का जाप 108 बार करके मध्यमा अँगुली में धारण करना चाहिए। लेकिन नीलम धारण करने से पहले किसी ज्योतिषी की सलाह अवश्य लें।

आपको काले या नीले रंग के कपड़े पहनने चाहिए तथा लाल, सुनहरी व पीले रंगों से बचना चाहिए। घर की खिड़कियों, दरवाज़े, सोफ़ा के कवर व बिस्तर पर नीले या काले की चादर का इस्तेमाल करना चाहिए।

अंक '9' : स्वामी मंगल- मंगल की पित्त प्रकृति है। मूलांक '9' वाले जातक साहसी, पराक्रमी, बली व ऊर्ज़ावान होते हैं और किसी व्यसन की आदत के कारण व स्वादिष्ट भोजन की चाहत में अपने शरीर का नुक़सान करते हैं। मंगल रक्त, मज्ज़ा, हीमोग्लोबिन, दुर्घटना, चोट, शल्यक्रिया, जलना, उच्च रक्तचाप, पित्ताशय की पथरी, चर्मरोग, शस्त्र से चोट, अधिक प्यास, फ़फोले सहित बुख़ार, नेत्र एवं तिल्ली विकार, खुजली, हड्डी टूटना, बवासीर, गर्भाशय के रोग, सिर में चोट, गर्भपात, फोड़े-फुँसी का कारक है। अतः मूलांक '9' वाले जातकों को समय-समय पर आराम भी करना चाहिए और व्यसनों आदि से बचना चाहिए।

मूलांक '9' वाले जातकों को मंगल का रत्न मूँगा, सवा 5 रत्ती का, सोने की अँगूठी में जड़वाकर शुक्लपक्ष के मंगलवार को अनामिका अँगुली में प्राण-प्रतिष्ठा व मन्त्र 'ऊँ अंग अंगारकाय नमः' का जाप 108 बार करने के बाद धारण करना चाहिए। अँगूठी धारण के बाद गुड़, लाल कपड़ा, सोना, ताँबा, लाल चन्दन पहनने चाहिए तथा काले व भूरे रंगों के कपड़े कम पहनने चाहिए। घर की खिड़कियों, दरवाज़े के परदे काले व भूरे रंगों के कवर व बिस्तर पर लाल रंग की चादर का इस्तेमाल अधिक करना चाहिए।

१०

अनिष्ट ग्रहों की शान्ति के लिए उपाय

सूर्य ग्रह की शान्ति के उपाय

सूर्य के अशुभ प्रभाव को दूर करने के लिए आपको निम्नलिखित मन्त्र कम-से-कम 7000 की संख्या में जप करना चाहिए। जप का आरम्भ शुक्लपक्षीय रविवार प्रातः सूर्योदय से करना चाहिए। पाठ करते समीप में ताम्र बर्तन में शुद्ध जल, लाल चन्दन, लाल पुष्प, गंगाजल, थोड़ा-सा गुड़ डालकर पात्र को लाल वस्त्र, आम के पत्तों एवं नारियल द्वारा ढक लेना चाहिए। साथ ही दान योग्य वस्तुओं का पहले से पास में रख लेना चाहिए।

'ऊँ ह्रां ह्रीं ह्रौं सः सूर्याय नमः' (जप संख्या 7000)

दान योग्य वस्तुएँ

गेहूँ, लाल चन्दन, गुड़, लाल पुष्प, लाल वस्त्र, घी, लाल वर्ण की गाय, सोना, माणिक्य, ताम्र बर्तन, लाल वस्त्र, मिष्ठान नारियल तथा दक्षिणा।

उपाय

- ताँबे की अँगूठी में माणिक्य अथवा विधिवत् तैयार किया हुआ सूर्य-यन्त्र (ताम्र पत्र पर) धारण करें।
- खाना खाते समय सोने तथा ताँबे के चम्मच का प्रयोग करना तथा 11 रविवार तक सूर्य स्नान करना।
- 108 रविवार तक ताम्र बर्तन में शुद्ध जल, लाल चन्दन मिलाकर सूर्य का अर्घ्य देकर सूर्य-स्तोत्र का पाठ करना शुभ है।
- 40 या 43 दिन तक चलते पानी में गुड़ या ताँबे के सिक्के बहाना शुभ होगा।
- सर्वप्रथम प्रातःकाल उठकर स्नान के बाद ताम्र कलश में जल, दूध, पुष्प, गन्ध, लाल चन्दन आदि लेकर पूर्व दिशा में मुख करके गायत्री मन्त्र तथा सूर्यार्घ्य मन्त्र के उच्चारण से सूर्य को अर्घ्य प्रदान करना चाहिए।
- रविवार को नमक से परहेज़ रखें। ग्यारह रविवार तक केवल दही और चावल का सेवन करना चाहिए।

पूज्य देवता

सूर्य देवता आपके लिए पूजनीय हैं।

चन्द्र ग्रह की शान्ति के उपाय

जब जन्म-कुण्डली में चन्द्र ग्रह अशुभ हो, या आप रोगों से घिरे हुए हों या फिर आप कोई शुभ कार्य करना चाहते हों, तो इनके लिए आपको निम्नलिखित मन्त्र की 11 हज़ार की संख्या में जप करना चाहिए। जप का आरम्भ पूर्णिमा या शुक्लपक्ष के सोमवार से करना चाहिए।

'ऊँ श्रां श्रीं श्रौं सः नमः'

दान योग्य वस्तुएँ

चावल, सफ़ेद चन्दन, शंख, कपूर, घी, दही, चीनी, या मिश्री, क्षीर, मोती, सफ़ेद वस्त्र, सफ़ेद पुष्प, श्वेत फल, चाँदी, मिठाई और दक्षिणा।

उपाय

- ➡ चाँदी के बर्तनों का प्रयोग करना एवं चारपायी के पायों में चाँदी की कीलें ठुकवाना।
- ➡ सफ़ेद मोतियों की माला अथवा चाँदी की अँगूठी में मोती या उपरत्न धारण करना।
- ➡ पानी में कच्चा दूध मिलाकर चन्द्रमा का बीज मन्त्र पढ़ते हुए पीपल को डालना।
- ➡ लगातार 16 सोमवार व्रत रखकर सायंकाल सफ़ेद वस्तुओं का दान करना चाहिए तथा पाँच छोटी कन्याओं को खीर सहित भोजन कराना चाहिए।
- ➡ सोमवार को ही प्रातःकाल स्नानादि करके ताँबे के बर्तन में कच्ची लस्सी (जल तथा थोड़ा-सा दूध) भगवान शिव की मूर्ति या शिवलिंग पर चढ़ाना चाहिए।

पूज्य देवता

पूज्य देवता भगवान शिव-पार्वती हैं।

मंगल ग्रह की शान्ति के उपाय

मंगल के अशुभ फल को दूर करने के लिए आपको निम्नलिखित मन्त्र का जाप कम-से-कम 10,000 की संख्या में शुक्ल पक्ष के मंगलवार से प्रारम्भ करना चाहिए।

'ऊँ क्रां क्रीं क्रौं सः भौमाय नमः' (जप संख्या-10,000)

दान योग्य वस्तुएँ

गेहूँ, मसूर, लाल बैल, घी, गुड़, स्वर्ण, मूँगा, ताम्र बर्तन, कनेर पुष्प, लाल चन्दन, लाल वस्त्र, केशर, लाल फल, नारियल, मीठी चपाती, गुड़ की बनी रेवड़ियाँ, दक्षिणा आदि।

मंगल का दान युवा ब्राह्मण को करना शुभ है।

उपाय

- ताँबे की अँगूठी में मूँगा धारण करना अथवा ताँबे का कड़ा पहनना।
- मंगलवार को घर में गुलाब का पौधा लगाना तथा 108 दिन तक रात को ताँबे के बर्तन में पानी सिरहाने रखकर घर में लगाये हुए गुलाब के उसी पौधो में वही पानी डालना ।
- मंगलवार का व्रत रखकर 27 मंगल किसी अपाहिज को मीठा विशेषकर गुड़ से बना भोजन खिलाना।
- नारियल को तिलक करके तथा लाल कपड़े में लपेटकर लगातार 3 मंगलवार चलते पानी में बहायें।
- लाल रंग की गाय या लाल वर्ण के कुत्ते को भोजन खिलाना शुभ होगा।
- मंगलवार को व्रत रखना चाहिए। विशेषकर उन कन्याओं को जिनकी कुण्डली में मंगल मंगलीक योग बनकर विवाह में बाधा या विलम्ब उत्पन्न कर रहा हो, उन्हें मंगलगौरी का व्रत लगातार 7 मंगलवार रखना चाहिए।

पूज्य देवता

आपको हनुमान जी की पूजा-उपासना करनी चाहिए, क्योंकि आपके पूज्य देवता हनुमान जी ही हैं।

बुध ग्रह की शान्ति के उपाय

यदि आप किसी लम्बे समय तक चलने वाले रोग से ग्रस्त हो जायें या फिर आपके बनते काम बिगड़ने लगें तो, आपको बुध ग्रह की शान्ति के लिए भगवान विष्णु का ध्यान करके शुक्लपक्ष के बुधवार को आरम्भ करके 9000 की संख्या में बीज मन्त्र का जप करना चाहिए।

निम्नलिखित मन्त्र का 9000 बार जप करना चाहिए।

'ऊँ ब्रां ब्रीं ब्रौं सः बुधाय नमः '

दान योग्य वस्तुएँ

मूँगी, 5 हरे फल, चीनी, हरे पुष्प, हरी इलायची, काँस्य-पत्र, पन्ना, सोना, हाथी

का दाँत, षड्रसों से युक्त भोजन हरी सब्ज़ी, हरा कपड़ा, दक्षिणा सहित दान करें।

उपाय

- हरे रंग का पन्ना बुधवार को सोने की अँगूठी में धारण करें। हरे रंग के वस्त्रों को पहनना तथा हरे रंग के परदे लगाना शुभ होगा। हरे रंग की गाड़ी, स्कूटर या साइकिल आदि का प्रयोग करें। परन्तु बुध अशुभ हो, तो हरे वस्त्र कदापि न पहनें।
- बुधवार को चाँदी या काँस्य के गोल टुकड़े को हरे रंग के कपड़े में लपेटकर जेब में रखें या भुजाओं के साथ बाँधें।
- मूँगी साबुत के सात दाने, हरा पत्थर, काँसे का गोल टुकड़ा, हरे वस्त्र में लपेटकर बुधवार को चलते पानी में बहाना शुभ होगा। पानी में बहाते समय कम-से-कम 7 बार बुध का बीज मन्त्र पढ़ें।
- बुधवार के दिन 6 इलायची हरे रूमाल में लपेटकर अपने पास रखें तथा इसके बाद एक इलायची व तुलसी पत्र का सेवन करना शुभ रहेगा।

पूज्य देवता

आपके लिए विष्णु भगवान पूज्य देवता हैं।

गुरु ग्रह की शान्ति के उपाय

जब गुरु ग्रह अशुभ फल दे रहा हो, तो इसकी शान्ति के लिए निम्नलिखित उपाय करने चाहिए।

शुक्ल पक्ष के बृहस्पतिवार को शुभ मुहूर्त्त में निम्नलिखित मन्त्र का 19,000 की संख्या में पाठ करना तथा उसके बाद हवन करना कल्याणकारी होता है।

गुरु मन्त्र- 'ऊँ ग्रां ग्रीं ग्रौं सः गुरवे नमः '

दान की वस्तुएँ

पीले चावल, पुखराज, चने की दाल, हल्दी, शहद, पीला कपड़ा, पीले पुष्प, पीले फल, घी, सोना, पीली मिठाई तथा दक्षिणा इत्यादि।

उपाय

- सोने या चाँदी की अँगूठी में तर्जनी अँगुली में शुभ मुहूर्त्त में पुखराज धारण करें।
- 27 गुरुवार केसर का तिलक लगाना तथा केसर की पुड़िया पीले रंग के कपड़े या कागज़ में अपने पास रखना शुभ रहेगा।
- चलते पानी में बादाम एवं नारियल पीले कपड़े में लपेटकर बहाना शुभ होगा।

➡ पीपल के वृक्ष को गुरुवार एवं शनिवार को गुरु बीज मन्त्र एवं गुरु गायत्री मन्त्र पढ़ते हुए जल दें।

➡ वृद्ध ब्राह्मण को पीली वस्तुएँ, जैसे-चने की दाल, लड्डू, पीले वस्त्र, शहद इत्यादि का दान करना चाहिए।

शुक्र शान्ति के उपाय

जन्म या वर्ष कुण्डली में शुक्र अशुभकारक हो तो शुभ मुहूर्त में निम्नलिखित मन्त्र का 16,000 की संख्या में जाप करना चाहिए।

'ऊँ द्रां द्रीं, द्रौं सः शुक्राय नमः'

दान योग्य वस्तुएँ-चाँदी, चावल, सोना, दूध, दही अथवा दुग्ध निर्मित वस्तुएँ, मिश्री, श्वेत चन्दन, श्वेत घोड़ा, श्वेत वस्त्र, श्वेत पुष्प, श्वेत फल एवं सुगन्धित पदार्थ।

उपाय

➡ चाँदी की कटोरी में यदि शुक्र सफ़ेद चन्दन, मुश्कपूर, सफ़ेद पत्थर का टुकड़ा रखकर सोने वाले कमरे में रखे चन्दन की अगरबत्ती जलाना शुभ होगा।

➡ घर में तुलसी का पौधा लगाना, सफ़ेद गाय रखना, सफ़ेद पुष्प लगवाना शुभ होगा तथा क्रीम रंग के रेशमी कपड़े में चाँदी के चौरस टुकड़े पर शुक्र यन्त्र खुदवाकर विधिपूर्वक अपने पास रखें।

➡ शुक्रवार को श्री दुर्गा पूजन, 5 कन्या पूजन उन्हें खीरादि श्वेत वस्तुएँ देना तथा गौशाला में शुक्रवार से शुरू करके सात दिन तक गाय को हरा चारा, शक्कर एवं चरी डालना।

➡ सफ़ेद रंग के पत्थर पर चन्दन का तिलक लगाकर चलते पानी में बहा देना या चाँदी के टुकड़े पर शुक्र यन्त्र खुदवा कर रेशमी क्रीम रंग के वस्त्र में लपेट कर शुक्रवार को नीम के वृक्ष के नीचे दबाना।

➡ शुक्रवार का विधिवत् व्रत रखना चाहिए तथा पाँच शुक्रवार पाँच कन्याओं का पूजन कर उन्हें मिश्री सहित श्वेत वस्तुओं की भेंट देनी चाहिए।

पूज्य देवता

आपको सन्तोषी माता, भगवती दुर्गा तथा लक्ष्मी माता की पूजा करनी चाहिए।

शनि ग्रह की शान्ति के उपाय

यदि आप लम्बी अवधि तक चलने वाले किसी रोग से ग्रसित हो जायें, या आपके विभिन्न कार्यों में विघ्न-बाधाएँ आने लगे या आप किसी बड़ी दुर्घटना का शिकार हो जायें, तो आपको समझ लेना चाहिए कि आपका मूलांक अशुभ फल दे रहा है। ऐसी स्थिति में आपको निम्नलिखित उपाय करने चाहिए।

निम्नलिखित मन्त्र का 23,000 बार जप करना चाहिए।

'ऊँ प्रां प्रीं प्रौं सः शनैश्चराय नमः'

दान योग्य वस्तुएँ

नीलम, लोहा, काले तिल, उड़द, सरसों का तेल, काला वस्त्र, काली गाय, लोहे से बना पात्र, काला जूता, भैंस, नारियल, काले अथवा नीले पुष्प, फल, दक्षिणा आदि।

उपाय

- सोने की अँगूठी में नीलम धारण करें। इसके अभाव में नाव की कील की अँगूठी या फिर काले घोड़े के नाल (खुरों) की अँगूठी बनवाकर मध्यमा अँगुली में धारण करें।
- घर में नीले रंग के परदे तथा नीले रंग की चादरों का प्रयोग करना और स्वयं भी बहुधा नीले रंगों के वस्त्रों का प्रयोग करना शुभ होगा।
- शनिवार का व्रत रखें और दशरथकृत 'शनि स्तोत्र' का पाठ करें।
- स्टील या लोहे की कटोरी में तेल का छाया-पात्र करके तेल पाँच शनिवार तक आक के पौधो पर अथवा 'शनि मंदिर' में डालना शुभ होगा। 5वें शनिवार को तेल चढ़ाने के बाद तेल वाली कटोरी को वही दबा देना या वहीं चढ़ा देना शुभ होगा। तेल चढ़ाते समय शनि का बीज मन्त्र पढ़ें।

पूज्य देवता

पूज्य देवता शनि देव हैं।

राहु ग्रह की शान्ति के उपाय

जब आपके बनते काम बिगड़ने लगे, जब आप तरह-तरह के रोगों से पीड़ित होने लगें, तब यह समझें कि आपका राहु अशुभ फल दे रहा है, ऐसे में आपको राहु की शान्ति के उपाय करने चाहिए।

आप निम्नलिखित मन्त्र का 18,000 की संख्या में जाप करें।

'ऊँ भ्रां भ्रीं भ्रौं सः राहवे नमः' (जप संख्या-18000)

दान योग्य वस्तएँ

काले तिल, काला घोड़ा, गोमेद, तेल, सोने या चाँदी का सर्प, उड़द, खड्ग (तलवार), कवच, नीला वस्त्र, काले रंग के पुष्प, नारियल, दक्षिणा आदि।

उपाय

- काले नीले वस्त्र पहनने से परहेज़ करें तथ चाँदी की चेन व लॉकेट पहनें।
- रोटी को खीर लगाकर कौवों को एवं काले रंग की गाय को खिलायें।

- काले तिल, कच्चा कोयला, नीले रंग के ऊनी वस्त्र कपड़े में बाँधकर शनिवार अथवा राहु के नक्षत्रों में घर के आँगन में दबा दें या फिर नीले वस्त्र के बाँधे रूमाल को राहु मन्त्र पढ़ते हुए जल में प्रवाहित कर दें।

पूज्य देवता

आपके लिए गणेश जी पूजनीय हैं।

केतु ग्रह की शान्ति के उपाय

जन्म या वर्ष कुण्डली में केतु अशुभ फलकारी हो, तो किसी शुभ मुहूर्त में नीचे लिखे मन्त्र की 17,000 की संख्या में जाप करें तथा दशमांश का हवन करें।

'ऊँ स्रां स्रीं स्रौं सः केतवे नमः'

दान योग्य वस्तुएँ

लहसुनिया, लोहा, बकरा, नारियल, तिल, कस्तूरी, लोहे का चाकू, कपिला गाय दक्षिणा सहित।

उपाय

- काले वस्त्र में बाँधकर काले व सफ़ेद तिल चलते पानी में बहाना।
- रंग-बिरंगी (चितकबरी) गाय की सेवा करना एवं रंग-बिरंगे कुत्ते को दूध व चपाती डालना।

पूज्य देवता

भैरव व गणेश जी।

११

अंक ज्योतिष एवं शुभ शिक्षा

प्रिय पाठको! इस बात में कोई दो राय नहीं कि हमारे देश की शैक्षणिक प्रणाली सुदृढ़ नहीं है। हमारी शिक्षा-प्रणाली में ऐसा कुछ नहीं है, जो छात्रों को शैक्षणिक मार्गदर्शन कर सके, इसलिए शिक्षा अंक ज्योतिष के आधार पर की जाये, तो अति उत्तम होगा। इस अध्याय में सभी अंकों के सम्बन्धित शुभ शिक्षा में बारे में बताया जा रहा है।

अंक-1 और 4
शुभ शिक्षा-दर्शनशास्त्र, फार्मेसी, रसायनविज्ञान, राजनीति एवं नेतृत्व सम्बन्धी शिक्षा।

अंक-2 और 7
शुभ शिक्षा-जल सम्बन्धी शिक्षा, पर्यटन, कृषिशास्त्र, साहित्य, लेखन, अभिनय, गायन एवं नृत्य, होटल प्रबन्धन, मनोविज्ञान, काव्य, हिन्दी भाषा एवं डेयरी सम्बन्धी शिक्षा।

अंक-3
शुभ शिक्षा- वित्त प्रबन्धन, प्रशासन, क़ानून, बैंकिंग, साहित्य, लेखन कार्य, ज्योतिष कार्य, धर्म, अध्यापन, अध्यात्म, राजनीति विज्ञान से सम्बन्धित विषय।

अंक-5
शुभ शिक्षा- प्रकाशन, पत्रकारिता, लेखन, रेडियो-टीवी उद्घोषणा से सम्बन्धित कार्य, गणित, प्रशासन और बैंक से सम्बन्धित कार्य।

अंक-6
शुभ शिक्षा- मेडिकल साइंस, समाजशास्त्र, डेयरी और दूध से सम्बन्धित विषय, संगीत, काव्य, नृत्य, अभिनय, सौन्दर्य प्रसाधनों से सम्बन्धित विषय, पाक कला एवं मॉडलिंग।

अंक-8
शुभ शिक्षा- श्रमिक विधि विज्ञान, विदेशी भाषाएँ, क़ानून, निगूढ़ विद्याएँ, भूगोल, इतिहास, मकेनिकल इंजीनियरिंग, समाजशास्त्र एवं जादू से सम्बन्धित विषय।

अंक-9
शुभ शिक्षा- रक्षा सेना से सम्बन्धित विषय, पुलिस विभाग से सम्बन्धित विषय, शारीरिक विज्ञान, शरीर विज्ञान की शल्य शाखा, पशु चिकित्सा एवं विधि विज्ञान से सम्बन्धित विषय।

१२

अंक ज्योतिष और शुभ व्यवसाय

प्रिय पाठको! इस अध्याय में हम चर्चा करेंगे अंक और उनसे शुभ व्यवसायों की। वास्तव में, प्रत्येक व्यवसाय किसी न किसी अंक से जुड़ा होता है। यदि कोई भी जातक अपने अंक से सम्बन्धित शुभ व्यवसाय करे, तो उसमें उसे सफलता अवश्य मिलती है।

अंक-1

शुभ व्यवसाय-नेतृत्व-कार्य, विद्युत् कार्य, राजदूत, सर्जरी, चिकित्सा, अग्नि तत्त्व-प्रधान कार्य, विज्ञान, खोज कार्य, जहाज़ी कार्य तथा जवाहरात-कार्य।

अंक-2

शुभ व्यवसाय-जल सम्बन्धी कार्य, रसदार पदार्थ, यात्रा, होटल, पत्रकारिता, दलाली, गायन, नृत्य, कविता, ज़मीन-जायदाद सम्बन्धी कार्य, बर्फ़, चाँदी, डेयरी, कृषि एवं पशुओं से सम्बन्धित कार्य।

अंक-3

शुभ व्यवसाय-बैंक सम्बन्धी कार्य, शिक्षण कार्य, सेवा-कार्य, न्यायाधीश, राजदूत, वकालत, सेक्रेटरी, पुलिस, दार्शनिक, भौतिक कार्य तथा विज्ञापन कार्य।

अंक-4

शुभ व्यवसाय- रेलवे, वायुयान, क्लर्क, लेक्चरर, इंजीनियर, वास्तुकला, ज्योतिष, जादू, पुरातत्त्व, खान, स्टेनोग्राफर एवं तकनीकी कार्य।

अंक-5

शुभ व्यवसाय- इंजीनियर, एकाउटैण्ट, वकालत, रेलवे, पत्रकारिता, तम्बाकू, सेल्समैन, दलाल, कमीशन एजेण्ट, बीमा, लेखन, सम्पादन, ट्रांसपोर्ट, राजनीति एवं दिमाग़ सम्बन्धी कार्य।

अंक-6

शुभ व्यवसाय- उपन्यासकार, संगीतकार, सामाजिक कार्य, वास्तुकला, इंजीनियर, जवाहरात, विदेशी मुद्रा, खाद्य निरीक्षक, होटल, पेण्टिंग, नृत्य, अभिनेता, सुगन्धित वस्तुओं से सम्बन्धित कार्य एवं आभूषण-विक्रेता।

अंक 7

शुभ व्यवसाय- फ़िल्म व्यवसाय, यात्रा, एयर होस्टेस, डेयरी फार्म, गुप्त कार्य, ड्राइवर, डेयरी फार्म, केमिस्ट, अस्पताल, तरल पदार्थ, सी.आई.डी, पुरातत्त्व कार्य, पहलवान तथा रबर सम्बन्धी कार्य।

अंक 8

शुभ व्यवसाय- पुलिस, मेयर, इंजीनियर, खिलाड़ी, नगरपालिका, ठेकेदार, तम्बाकू, वकालत, बाग़वानी, संगीत, कोयला खान, मुर्गीपालन, जेल एवं मज़दूरी।

अंक 9

शुभ व्यवसाय- सेना विभाग, पुलिस विभाग, नेतृत्व, अग्नि कार्य, डाक्टर, बैंक, वकालत, केमिस्ट, मशीनरी से सम्बन्धित कार्य तथा धार्मिक कार्य।

१३

अंक ज्योतिष और वास्तु

प्राचीन काल से ही भवन-निर्माण को एक विशेष स्थान प्राप्त है। इस बात का अन्दाज़ा आप इस बात से लगा सकते हैं कि उस समय भवन-निर्माण से सम्बन्धित एक अलग देवता की मान्यता प्रचलित थी, जिनका नाम भगवान श्री विश्वकर्मा था। श्री विश्वकर्मा के नाम से एक ग्रन्थ 'विश्वकर्मा प्रकाश' भी प्रचलित है, जो भारतीय वास्तु के ग्रन्थों में एक है।

अंकों के आधार पर हम अपने घर का निर्माण केसे करवायें, उससे पहले हमारा वास्तु-शास्त्र से परिचित होना ज़रूरी है।

वास्तव में हमारा शरीर पंचतत्त्वों से बना है। जल, आकाश, वायु, पृथ्वी और अग्नि में पाँच तत्त्व हैं। समस्त जीव केवल इन्हीं पंचतत्त्वों पर निर्भर करते हैं। इन्हीं पंचतत्त्वों का मिला-जुला नाम वास्तु है और इन्हीं पंचतत्त्वों का सामंजस्य जब परिसर में हो, तो परिसर प्रकृति के गुणों को ग्रहण करते हुए अपने शुभ फलों को प्रकट करता है।

वास्तु की गहराइयों में जाने की बजाय हम अंक ज्योतिष के आधार पर यह जान लें कि हम अपने मूलांक के अनुसार वास्तु-शास्त्र के द्वारा अपने भवन-निर्माण के बारे में जानें, तो बेहतर होगा।

अंक-1 के लिए वास्तु-निर्देश

अंक 1 के लिए पूर्व दिशा श्रेष्ठ है। पूर्व दिशा मूल पूर्व, ईशान और अग्नि सहित तीन भागों में विभक्त है। अंक 1 के जातकों के लिए मूल पूर्व दिशा ही श्रेष्ठ है। इसी आधार पर आपको अपने भवन का निर्माण करवाना चाहिए और भूखण्ड ख़रीदना चाहिए।

अंक-2 और 7 के लिए वास्तु-निर्देश

मूलांक 2 का स्वामी ग्रह चन्द्रमा है, जो वायव्य (उत्तर-पश्चिम कोण) का प्रतिनिधित्व करता है।

अंक 2 के लिए उत्तर और पश्चिम दिशा श्रेष्ठ और शुभफलदायी है। जहाँ तक संभव हो सके मूलांक 2 के जातकों को अपने भवन का निर्माण उत्तर-पश्चिम में ही करना चाहिए।

अंक-3 के लिए वास्तु-निर्देश

अंक 3 का अधिष्ठाता ग्रह बृहस्पति है। बृहस्पति को देवगुरु की संज्ञा दी गयी है। शुभ ग्रहों में बृहस्पति ही सर्वोपरि हैं। यही कारण है कि भूखंड में ईशान (उत्तर-पूर्व कोण) को श्रेष्ठ स्थान की उपमा दी गयी है। इसलिए मूलांक 3 के जातकों को अपने भवन या कार्यालय का चुनाव ईशान दिशा में ही करना श्रेयष्कर है।

अंक-4 के लिए वास्तु-निर्देश

अंक 4 का अधिष्ठाता ग्रह राहु है, जो दक्षिण-पश्चिम (नैर्ऋत्य) का स्वामी है। अंक शास्त्र में सूर्य को भी अंक 4 का स्वामी ग्रह माना जाता है। इस आधार पर अंक 4 के जातकों के लिए पूर्व दिशा ही शुभ फलदायी है। ऐसे जातकों को अपने निवास-स्थान तथा कार्यालय का निर्माण इसी दिशा के आधार पर करना चाहिए।

अंक-5 के लिए वास्तु-निर्देश

अंक 5 के लिए शुभ दिशा मूल उत्तर है, जिसे भारतीय शास्त्रों के अनुसार कुबेर का स्थान माना गया है। यदि आपका मूलांक 5 है, तो आपको उन भूखण्डों को प्राथमिकता देनी चाहिए, जो कि उत्तर मुखी हों।

अंक-6 क लिए वास्तु-निर्देश

जिन जातकों का मूलांक 6 है, उन्हें दक्षिण दिशा से विशेष लाभ होने की सम्भावना होती है। यदि आपका मूलांक 6 है, तो आपको अपना निवास-स्थान तथा कार्यस्थल का चुनाव इसी दिशा की ओर करना चाहिए।

अंक-8 के लिए वास्तु-निर्देश

अंक 8 का स्वामी शनि ग्रह है, जो कि पश्चिम दिशा पर आधिपत्य रखता है। जिन लोगों का मूलांक 8 है, उन्हें अपने निवास-स्थान तथा कार्यस्थल का चुनाव इसी दिशा को ध्यान में रखकर करना चाहिए।

अंक-9 के लिए वास्तु-निर्देश

इस अंक के लिए दक्षिण दिशा शुभ है। यदि आपका मूलांक 9 है, तो आपको अपने निवास/कार्य-स्थल का चुनाव इसी दिशा को ध्यान में रखते हुए करना चाहिए।

❈ ✺ ❈

१४

मकान का शुभ अंक

प्रिय पाठको! पिछले अध्यायों द्वारा आप जान ही गये हैं कि अंकों का व्यक्ति के जीवन में कितना महत्त्व होता है। ठीक इसी तरह जहाँ आप रहते हैं, वहाँ के अंक आपके शुभ होगा, तो आप अपने जीवन में सारी सुख-सुविधाओं को उपभोग करेंगे। अगर मकान का नम्बर अशुभ होगा, तो आपका मकान अशुभ फल देगा।

अशुभ फल के तहत आपके मकान में ये घटनाएँ आम हो जायेंगी। जैसे-अशुभ मकान में रहने वाले लोगों को रोग-बीमारियाँ घेर लेंगी। परिवार के सदस्यों में सम्बन्धों में खटास आ जायेगी और घर का वातावरण कलहपूर्ण रहेगा। कभी-कभी कलह इस हद तक भी बढ़ जाता है कि पति-पत्नी एक छत के नीचे रहते हुए कई सालों तक आपस में बात किये बिना अपनी ज़िन्दगी बिता देते हैं।

अशुभ मकान में रहने वाले परिवारों की जीवन में दुर्घटनाएँ भी बहुत होती है। एक व्यक्ति अपनी मेहनत की पायी-पायी जोड़कर अपना आशियानाँ बनाता है। ऐसे में उसे यह सब देखना उसकी मेहनत की कमाई को कुएँ में डालने जैसा है।

इसलिए मकान की शुभता हर-हाल में ज़रूरी है। और यह शुभता तब आती है, जब मकान का अंक शुभ होता है। यह बात तो आप इस पुस्तक से जान ही गये हैं कि सभी अंक, सभी व्यक्तियों को शुभ फल प्रदान नहीं करते। प्रत्येक अंक की अपनी महत्ता होती है। किसी व्यक्ति के भाग्याँक को मकान के अंक से मिलाकर ही जाना जा सकता है कि यह मकान किसी विशेष व्यक्ति को शुभ लाभ देगा या नहीं। अगर मकान का नम्बर शुभ फलदायक नहीं है तो व्यक्ति को या तो मकान बदल लेना चाहिए या उसमें कोई अक्षर जोड़कर अपने भाग्यांक से मिलाना चाहिए।

नीचे एक उदाहरण दिया जा रहा है, जिससे आपको यह पता चल जायेगा कि उसमें रहने वाले जातक के लिए वह मकान शुभ है या अशुभ।

उदाहरण:-

व्यक्ति की जन्म-तिथि=20-11-1968

जातक का मूलांक=2

जातक का भाग्यांक=2+1+1+1+9+6+8=28=2+8=10=1

मकान का पता-19, मिलाप अपार्टमेण्ट, रोहिणी।

19=1+9=10

MILAAP APARTMENT ROHINI

4+9+3+1+1+7+1+7+17+1+9+2+4+5+5+2=61=6+1=17=1+4=5

कुल अंक =10+5=15=1+6=7

व्यक्ति का भाग्यांक '1' है व मकान का अंक '7' है। चूँकि भाग्यांक 1 के लिए 3, 5, तथा 7 सहायक भाग्यांक हैं इसीलिए यह मकान जातक के लिए शुभ फल प्रदान करेगा।

वास्तव में मकान का अंक अपने-आपमें बहुत महत्त्वपूर्ण है। प्रत्येक मकान के नम्बर के अलग-अलग गुण हैं, जिससे उस मकान में रहने वालों के बारे में महत्त्वपूर्ण जानकारी प्राप्त की जा सकती है। इसके अलावा परिवार के मुखिया का स्वभाव, रहन-सहन, व्यवहार केसा है, यह मकान के नम्बर से पता चल जाता है। मकान का अंक अपने-आपमें महत्त्वपूर्ण है। आपकी जानकारी के लिए मकान के अंकों में रहने वाले जातकों के बारे में कुछ ख़ास बातें इस प्रकार हैं-

मकान नम्बर '1'

यदि आपके निवास-स्थान का मूलांक '1' है, तो आप साहसी, अपने इरादों में मज़बूत तथा नेतृत्व कला में माहिर होते हैं। आप सबकी बात सुनते हैं, लेकिन करते अपने मन की हैं। आप स्वतन्त्रता प्रेमी हैं। हर कार्य में आप ही पहल करते हैं। आप थोड़े घमण्डी भी हैं। आपके सम्पर्क उच्च पद पर आसीन लोगों से बेहद काफ़ी अच्छे होते हैं। अपनी दृढ़ इच्छा-शक्ति के दम पर आप मुश्किल से मुश्किल कार्यों को भी अंजाम देने में सफल रहते हैं, इसलिए आप लोकप्रिय भी बहुत होते हैं। आपका व्यवहार सभी से मित्रतापूर्ण होता है। अपने आत्म-सम्मान के लिए आप कुछ भी कर सकते हैं।

मकान नम्बर '2'

यदि आपके निवासस्थान का मूलांक '2' है तो आप संवदेनशील, भावुक, बुद्धिमान, न्यायप्रिय व दयालु स्वभाव के होते हैं। आमतौर पर आप परिवर्तनशील स्वभाव, जलीय वस्तुओं के प्रिय, उच्च कल्पनाशील, समयानुकूल काम निकालने में कुशल तथा मिलनसार प्रकृति के होते हैं। भावुकता आप ज़रूरत से ज़्यादा होती है तथा धैर्य की कमी होती है। आप धर्म-कर्म के कार्यों में अत्यन्त रुचि रखते हैं।

मकान नम्बर '3'

यदि आपके निवास-स्थान का मूलांक '3' है तो आप धनी, खुशहाल व आरामदायक ज़िन्दगी व्यतीत करते हैं। आप अपने विचारों को साफ़-साफ़ व्यक्त करते हैं। आप कल्पनाशील भी होते हैं इसी वजह से आप अपने रचनात्मक कार्यों से यश भी प्राप्त करते हैं। देखा गया है कि आप जैसे जातक महत्त्वाकांक्षी तथा उच्च पद पर आसीन होते हैं। आप ज्ञानी, प्रतिभावान व क़ानून प्रिय होते हैं। आपके यश की गूँज चारों ओर गूँजती है। धार्मिक कार्यों में आप बढ़-चढ़ कर भाग लेते हैं।

मकान नम्बर '4'

मकान नम्बर '4' में रहने वाले जातक, अनुशासन-प्रिय, दूसरों पर अधिकार जताने वाले, दूसरों की सहायता के लिए हमेशा आगे आने वाले होते हैं। आप अपना धन

सोच-समझकर ख़र्च करते हैं तथा अपने सभी कार्य योजना बनाकर करते हैं। आपके मन की बात कोई नहीं जान सकता, इसी वजह से आप प्राय: रहस्यमय दिखायी देते हैं।

मकान नम्बर '5'

मकान नम्बर '5' में रहने वाले व्यक्तियों की सोच स्वतन्त्र होती है। यह दूसरों के कहने पर न चलकर अपने मन से कार्य करने में विश्वास रखते हैं। ऐसे जातक बदलाव-प्रिय, सजग, दूरदर्शी, ज्ञानी, अच्छी योजनाएँ बनाने वाले, बहुत सारी ज़िम्मेदारी स्वीकार करने वाले अस्थिर व्यक्तित्व के स्वामी होते हैं। आपके जीवन में बहुत तेज़ी से बदलाव आते हैं।

मकान नम्बर '6'

यदि आपके मकान का नम्बर '6' है, तो आप कलाप्रेमी, अपने घर-परिवार से प्रेम करने वाले, दूसरों की सहायता के लिए सदैव आगे आने वाले, समाजसेवी, घर की सजावट पर अधिक धन ख़र्च करने वाले, ऐश्वर्यपूर्ण जीवन बिताने वाले सौन्दर्य प्रिय व्यक्ति होते हैं। आपके घरों की दीवारों पर कलात्मक चित्र व क़ीमती पेंटिंग्स सजी होती है। खिड़कियों व दरवाज़ों के परदे साफ़-सुथरे होते हैं। आपके घर में साफ़-सफाई का विशेष ध्यान रखा जाता है। अव्यवस्था आपको बिलकुल पसन्द नहीं। आप समाज में सबसे मिलजुल कर रहते हैं। आप समाज-सेवी तथा दूसरों से सहानुभूति रखने वाले सहृदय व्यक्ति होते हैं।

मकान नम्बर '7'

मकान नम्बर '7' में रहने वाले व्यक्ति बुद्धिमान, लेखन कार्यों में निपुण, शान्त, ध्यान-योग करने वाले, दूसरों को समझने वाले, हर बात को गहराई से सोचने वाले, एकान्तप्रिय होते हैं। यह लोग शान्त प्रवृत्ति के होते हैं। ये लेखन व पढ़ाई-लिखाई में ज़्यादा व्यस्त रहते हैं। एकान्तप्रिय होने के कारण अपना अधिक समय एकान्त में व्यतीत करते हैं। ऐसे जातक धार्मिक प्रवृत्ति के भी होते हैं।

मकान नम्बर '8'

मकान नम्बर '8' में रहने वाले व्यक्ति दूसरों के मनोभावों को पढ़ने में माहिर होते हैं। यह अधिक व्यापारिक बुद्धि वाले होते हैं। अपने जीवन के लक्ष्य निर्धारित करके जीवन जीने में यक़ीन रखते हैं तथा उस लक्ष्य को प्राप्त करने में प्रयत्नशील रहते हैं। न्यायप्रिय, संगठनकर्ता, भौतिक सुखों की चाह रखने वाले न्यायप्रिय होते हैं। आप किसी के साथ अन्याय नहीं करते और न ही आप चाहते हैं कि कोई आपके साथ अन्याय करे।

मकान नम्बर '9'

मकान नम्बर '9' में रहने वाले व्यक्तियों में बड़े-बड़े कार्यों को करने की क्षमता होती है। यह लोग दयालु, सहनशील, आध्यात्मिक प्रवृत्ति के, सभी कार्यों को कलात्मक तरीक़े से करने में दक्ष होते हैं। दूसरों की सहायता करने के लिए आप तत्काल आगे आते हैं।

१५

वाहन का शुभ अंक

हम सबकी इच्छा होती है कि अपना खुद का एक वाहन हो। अपने वाहन की कई सुविधाएँ होती है। अपने वाहन से आप कभी भी घर से निकलकर सीधे जिस जगह पर जाना हो, पहुँच सकते हैं। इससे समय की बेहद बचत होती है।

यदि आप कोई वाहन ख़रीदने जा रहे हैं, तो अपने लक्की नम्बर का वाहन ख़रीदें। इसी प्रकार उसका रंग केसा हो, अपने भाग्यांक के अनुसार भी आप निर्धारित कर सकते हैं।

अपने वाहन का लक्की नम्बर आप ऐसे निकाल सकते हैं–

मान लीजिए कि आपके वाहन का नम्बर है–

D L–2 C P–1133

अब इस नम्बर को अंकों में बदलें–

4+3+2+3+7+1+1+3+3=27

2+7=9

इस वाहन का अंक '9' है।

अब वाहन अंक को अपने भाग्यांक से मिलायें। यदि दोनों में मित्रता है, तो वाहन आपके लिए शुभ होगा। यहाँ मैं आपको एक बात और बता देता हूँ। जब आपका वाहन आपके लिए शुभ होता है, तो दुर्घटना होने की सम्भावना बेहद कम होती है और उस वाहन पर आपका रख-रखाव को ख़र्च भी बेहद काम आता है। ऐसा वाहन आपको बीच रास्ते में कभी परेशान नहीं करता।

अपने वाहन का रंग का चयन आप निम्नलिखित अंकों के रंगों के हिसाब से कर सकते हैं

अंक '1' :-अंक '1' का स्वामी ग्रह सूर्य है। इसलिए इन लोगों को अपना वाहन सुनहरे रंग, पीला रंग का ही चुनना चाहिए। काला, नीला, या भूरे रंग या हल्के रंग का चयन बिलकुल न करें।

अंक '2' :- अंक '2' का स्वामी ग्रह चन्द्र है। इन लोगों को सफ़ेद या हल्के रंग का वाहन ख़रीदना चाहिए। काला या नीले रंग का चयन बिलकुल न करें।

अंक '3' :- अंक '3' का स्वामी ग्रह बृहस्पति है। इन लोगों को पीला, गुलाबी या आसमानी रंग का वाहन ख़रीदना चाहिए। हरा या भूरे रंग का वाहन का चयन बिलकुल न करें।

अंक '4' :- अंक '4' का स्वामी ग्रह राहु है। इन लोगों को नीला या भूरे रंग का वाहन ख़रीदना चाहिए। लाल या गुलाबी रंग के वाहन का चयन बिलकुल न करें।

अंक '5' :- अंक '5' का स्वामी ग्रह बुध है। इन लोगों को हरा, भूरा या सफ़ेद रंग का वाहन ख़रीदना चाहिए। पीला, गुलाबी या काले रंग के वाहन का चयन बिलकुल न करें।

अंक '6' :- अंक '6' का स्वामी ग्रह शुक्र है। इन लोगों को हल्का नीला, गुलाबी या सफ़ेद रंग के वाहन ख़रीदना चाहिए। काले रंग का वाहन का चयन कभी न करें।

अंक '7' :- अंक '7' का स्वामी ग्रह केतु है। इन लोगों को पीला, सुनहरा या सफ़ेद रंग का वाहन ख़रीदना चाहिए। नीला या काले रंग के वाहन का चयन बिलकुल न करें।

अंक '8' :- अंक '8' का स्वामी शनि ग्रह है। इन लोगों को काला, नीला, हरा या बैंगनी रंग का वाहन ख़रीदना चाहिए। सुनहरा, लाल और सफ़ेद वाहन का चयन बिलकुल न करें।

अंक '9' :- अंक '9' का स्वामी मंगल ग्रह है। इन लोगों को लाल या गुलाबी रंग का वाहन ख़रीदना चाहिए। नीला, काला व बैंगनी रंग के वाहन का चयन बिलकुल न करें।

१६

अंक ज्योतिष और विवाह

एक बालक जब कुमार अवस्था पार करके युवा अवस्था में प्रवेश करता है, तब उसके माता-पिता को उसके विवाह की चिन्ता सताने लगती है। पुत्र के विवाह के लिए किसी सुन्दर, सुशील कन्या की तलाश आरम्भ हो जाती है, ताकि पुत्र की गृहस्थी बस जाये।

जीवन में कई ऐसे कार्य होते हैं, जिसमें पति व पत्नी दोनों की एक साथ उपस्थिति अनिवार्य है, जैसे भगवान का पूजन, जीवन में सुख-शान्ति के लिए हवन व यज्ञ करना, पुत्री के विवाह के समय कन्यादान इत्यादि। सभी मनुष्यों के जीवन में हमेशा एक इच्छा होती है कि उसकी मृत्यु के पश्चात् भी उसका नाम चलता रहे तथा वंश वृद्धि होती रहे। जिसके लिए विवाह करना आवश्यक है।

जन्मकुण्डली के आधार पर वर व वधू की राशि व नक्षत्र के आधार पर वर्ण, तारा, योनि, ग्रह मैत्री, गण, भकूट व नाड़ी मिलान से ज्ञात किया जा सकता है कि भावी वर-वधू का जीवन विवाह के पश्चात् केसा होगा। पति-पत्नी के बीच प्रेम सम्बन्ध केसा होगा। दोनों का गृहस्थ-जीवन आनन्दमय व सुख से भरपूर होगा या नहीं। गृहस्थ-जीवन में अधिक परेशानियाँ तो नहीं आयेंगी। लेकिन यदि दोनों वर या वधू में से किसी को जन्म समय ज्ञात न हो, तो उनकी कुण्डलियाँ नहीं बनायी जा सकती है और विवाह के लिए आवश्यक गुणों का मिलान नहीं हो सकता हो, तब वर-वधू की जन्म-तिथियों से मूलांक व भाग्यांक निकाला जा सकता है। मूलांक व भाग्यांक ज्ञात करने के बाद उनके स्वामी ग्रहों से वर व वधू के गुण-दोष, रुचि, व्यवहार, शक्ति, आर्थिक स्थिति को ज्ञात किया जा सकता है। मूलांक व भाग्यांक निकालने की विधि पुस्तक के पिछले अध्यायों में दी जा चुकी है। अब वर/वधू के मूलांक/भाग्यांक के मित्र मूलांक देखें। अगर वधू के मूलांक/भाग्यांक, वर के मूलांक/ भाग्यांक से मैत्री सम्बन्ध रखते हैं, तो उनका वैवाहिक-जीवन सुखमय रहेगा तथा दोनों का विवाह उत्तम होता है। यदि वर व वधू के मूलांक/भाग्यांक आपस में शत्रुता है, तो वैवाहिक-जीवन में परेशानियाँ आती है व अकारण विवाद रहता है। हमेशा तनाव की स्थिति बनी रहती है।

नामांक द्वारा विवाह-मेलापक

यदि अज्ञानतावश, अशिक्षा या अन्य किसी   वजह से किसी वर या वधू में से किसी को अपनी जन्म-तिथि मालूम न हो, तो उनके नाम या प्रचलित नाम से

नामांक ज्ञात किया जा सकता है। जिसकी विधि इस पुस्तक के पिछले अध्यायों में दी गयी है। वर व वधू दोनों के नामांक जानने के बाद देखें की वर के नामांक से वधू का नामांक मित्र अंक है या शत्रु अंक। यदि मित्र अंक है तो वैवाहिक-जीवन आनन्दमयी होता है तथा गृहस्थ-जीवन सुखमय रहता है।

यदि वर के नामांक से वधू का नामांक शत्रु अंक है तो गृहस्थ-जीवन में परेशानियाँ आती हैं। अकारण विवाद से तनाव की स्थिति बनी रहती है व उत्तम वैवाहिक-जीवन नहीं रह पाता है। यदि वर के नामांक से वधू का नामांक न मित्र है, न शत्रु, तो वैवाहिक-जीवन में सम फल की प्राप्ति होती है तथा गृहस्थ-जीवन सामान्य रहता है। सुख-दुःख आते रहते हैं। हिन्दू समाज में विवाह के समय वधू का नाम इसी कारण बदला जाता है कि वर-वधू के बीच प्रेम बना रहे तथा एक-दूसरे से अच्छे सम्बन्ध बने रहें, वैवाहिक-जीवन उत्तम रहे तथा वर-वधू सुखी व आनन्दमयी जीवन बितायें।

नीचे दी गयी तालिका के अनुसार अंक के मित्र अंक व शत्रु अंक दिये जा रहे हैं-

मित्र-शत्रु तालिका

अंक	स्वामी	मित्र	शत्रु
1	सूर्य	2, 3, 4, 7	8
2	चन्द्र	1, 3, 7, 9	5, 8
3	बृहस्पति	1, 2, 6, 7, 9	4, 5, 8
4	राहु	5, 6, 8	9
5	बुध	1, 3, 6	2, 9
6	शुक्र	3, 9	1, 2
7	केतु	1, 2, 3, 9	4, 5, 8
8	शनि	4, 5, 6	1, 2, 7, 9
9	मंगल	1, 2 3, 6, 7	4, 5, 8

यदि वर के मूलांक/भाग्यांक से वधू का मूलांक/भाग्यांक तालिका के अनुसार मित्र है, तो गृहस्थ-जीवन सुखमय रहता है व परस्पर प्रेम बना रहता है। यदि वर के मूलांक/भाग्यांक तालिका के अनुसार शत्रु हैं तो गृहस्थी में अशान्ति रहती है। उत्तम वैवाहिक-जीवन नहीं रह पाता है तथा वैवाहिक-जीवन में परेशानियाँ आती हैं। यदि वर के मूलांक/भाग्यांक से वधू का मूलांक/भाग्यांक तालिका के अनुसार सम है, तो गृहस्थ-जीवन सामान्य रहता है तथा जीवन में सुख-दुःख लगा रहता है, जैसे कभी धूप, कभी छाँव। इसी प्रकार वर के नामांक से तालिका के अनुसार वधू के नामांक को तालिका के अनुसार जाँच सकते हैं कि दोनों में मित्र सम्बन्ध हैं या शत्रु या दोनों के सम्बन्ध सम हैं। जिससे उनके वैवाहिक-जीवन के सुख-दुःख का पता चलता है।

अन्त में....

हम आशा करते हैं कि प्रस्तुत पुस्तक में आपकी अंक ज्योतिष एवं भविष्यफल संबंधी सम्पूर्ण जिज्ञासाओं का समाधान हो गया होगा। ज्योतिष से संबंधित अन्य जानकारों के लिए आप हमारे यहाँ से प्रकाशित पुस्तक लेकर अपने ज्ञान में वृद्धि कर सकते हैं।

V&S OLYMPIAD SERIES FOR CLASSES 1-10

MATHS OLYMPIAD (CLASS 1-10)

ISBN : 9789357940504 ISBN : 9789357940511 ISBN : 9789357940528 ISBN : 9789357940535 ISBN : 9789357940542

ISBN : 9789357940559 ISBN : 9789357940566 ISBN : 9789357940573 ISBN : 9789357940580 ISBN : 9789357940597

SCIENCE OLYMPIAD (CLASS 1-10)

ISBN : 9789357940405 ISBN : 9789357940412 ISBN : 9789357940429 ISBN : 9789357940436 ISBN : 9789357940443

ISBN : 9789357940450 ISBN : 9789357940467 ISBN : 9789357940474 ISBN : 9789357940481 ISBN : 9789357940498

CYBER OLYMPIAD (CLASS 1-10)

ISBN : 9789357942102 ISBN : 9789357940603 ISBN : 9789357940610 ISBN : 9789357940627 ISBN : 9789357940634

ISBN : 9789357940641 ISBN : 9789357940658 ISBN : 9789357940665 ISBN : 9789357940672 ISBN : 9789357940689

ENGLISH OLYMPIAD (CLASS 1-10)

ISBN : 9789357940696 ISBN : 9789357940702 ISBN : 9789357940719 ISBN : 9789357940726 ISBN : 9789357940733

ISBN : 9789357940740 ISBN : 9789357940757 ISBN : 9789357940764 ISBN : 9789357940771 ISBN : 9789357940788

OLYMPIAD ONLINE TEST PACKAGE (CLASS 1-10)

ISBN : 9789357941754 ISBN : 9789357941761 ISBN : 9789357941778 ISBN : 9789357941785

ISBN : 9789357941792 ISBN : 9789357941808 ISBN : 9789357941815 ISBN : 9789357941822

OLYMPIAD ONLINE TEST PACKAGE CLASS 1-10 with CD with Activation Voucher web Portal: www.vsexamprep.com

ISBN : 9789357941839 ISBN : 9789357941846

OLYMPIAD COMBO PACK (4 BOOK SET)

ISBN : 9789357942003 ISBN : 9789357942010 ISBN : 9789357942027

ISBN : 9789357942034 ISBN : 9789357942041 ISBN : 9789357942058

ISBN : 9789357942065 ISBN : 9789357942072 ISBN : 9789357942089

CLASS 1-10 ENGLISH, MATHS, CYBER, SCIENCE OLYMPIAD 4 BOOKS SAVER COMBO PACK

ISBN : 9789357942096

All Books Available on Flipkart, Amazon, Infibeam, Snapdeal, Shopcluse • marketing@vspublishers.com

CAREER & BUSINESS/SELF-HELP/PERSONALITY DEVELOPMENT/STRESS MANAGEMENT

ISBN : 9789381588789 ISBN : 9789350571637 ISBN : 9789381588512 ISBN : 9789381588963 ISBN : 9789381588598 ISBN : 9789381384039 ISBN : 9788192079622 ISBN : 9789350570753 ISBN : 9789381384396

ISBN : 9789381384541 ISBN : 9789350570968 ISBN : 9789381384527 ISBN : 9789381588666 ISBN : 9789381384541 ISBN : 9789381384107 ISBN : 9789350571187 ISBN : 9789381588574 ISBN : 9789381588277

ISBN : 9789381588222 ISBN : 9789381384213 ISBN : 9789381588772 ISBN : 9789381588949 ISBN : 9789357940108 ISBN : 9789381384152 ISBN : 9789381384145 ISBN : 9789381448564 ISBN : 9789381384473

ISBN : 9789381448595 ISBN : 9789381448670 ISBN : 9789381588253 ISBN : 9789381448755 ISBN : 9789381448649 ISBN : 9789381384480 ISBN : 9789350571309 ISBN : 9789381448632 ISBN : 9789381384893

ISBN : 9789381384091 ISBN : 9789381384176 ISBN : 9789350570265 ISBN : 9789381588727 ISBN : 9789350570128 ISBN : 9789381588246 ISBN : 9789381448687 ISBN : 9789381448786 ISBN : 9789381448533

ISBN : 9789381448526 ISBN : 9789381384206 ISBN : 9788122310689 ISBN : 9789381384503 ISBN : 9789381588505 ISBN : 9789381448717 ISBN : 9788192079646 ISBN : 9789350570203 ISBN : 9789350570272

ISBN : 9789381588741 ISBN : 9789350571170 ISBN : 9789381588215 ISBN : 9789381384763 ISBN : 9789350570296 ISBN : 9789381588284 ISBN : 9789381588543 ISBN : 9789350571880 ISBN : 9789381588765

ISBN : 9789350570579 ISBN : 9789350571927 ISBN : 9789350571545 ISBN : 9789381384114 ISBN : 9789381384435 ISBN : 9789381448779 ISBN : 9789381448991 ISBN : 9789381384510 ISBN : 9789381384169 ISBN : 9789350570623

All Books Available on Flipkart, Amazon, Infibeam, Snapdeal, Shopcluse • marketing@vspublishers.com

STUDENT LEARNING/QUIZ/POPULAR SCIENCE/BIOGRAPHIES

ISBN : 9789357941310 ISBN : 9789357941495 ISBN : 9789381384053 ISBN : 9789381384060 ISBN : 9789381384121 ISBN : 9788122310924 ISBN : 9789381588468 ISBN : 9789381588604 ISBN : 9789350570494

ISBN : 9789350570470 ISBN : 9789350570487 ISBN : 9789350570500 ISBN : 9789350570586 ISBN : 9789350571248 ISBN : 9789350571248 ISBN : 9789350571743 ISBN : 9789381384299 ISBN : 9789381448052

ISBN : 9789381384305 ISBN : 9789381384954 ISBN : 9789381588819 ISBN : 9789350570371 ISBN : 9789350570388 ISBN : 9789350570395 ISBN : 9789350570401 ISBN : 9789350570364 ISBN : 9789381588444

ISBN : 9789381448977 ISBN : 9789381384459 ISBN : 9789381384930 ISBN : 9789350571682 ISBN : 9789381588864 ISBN : 9789381588673 ISBN : 9789350570111 ISBN : 9789381384312 ISBN : 9789381588680

ISBN : 9789350570258 ISBN : 9789350570227 ISBN : 9789381588499 ISBN : 9789381588338 ISBN : 9789381588345 ISBN : 9789381448656 ISBN : 9789381384558 ISBN : 9788192079639 ISBN : 9789350571019

ISBN : 9789350571026 ISBN : 9789350571033 ISBN : 9789350571040 ISBN : 9789350571057 ISBN : 9789350570999 ISBN : 9789350571002 ISBN : 9789350571064 ISBN : 9789350571071 ISBN : 9789350571088

ISBN : 9789350571101 ISBN : 9789381588321 ISBN : 9789381588307 ISBN : 9789381588567 ISBN : 9789350571163 ISBN : 9789350570517 ISBN : 9789381384183 ISBN : 9789381448625 ISBN : 9789381384794

ISBN : 9789381384190 ISBN : 9789381448793 ISBN : 9789381588192 ISBN : 9789381588802 ISBN : 9789381588970 ISBN : 9789350570777 ISBN : 9789381448427 ISBN : 9789350570555 ISBN : 9789350570548

FUN. FACT & MAGIC/TALES & STORIES/LEISURE READING

ISBN : 9788192079660 ISBN : 9788192079677 ISBN : 9789381588659 ISBN : 9789381588840 ISBN : 9789381588857 ISBN : 9789381588871 ISBN : 9789381588888 ISBN : 9789381384336 ISBN : 9789381448069

ISBN : 9789381448090 ISBN : 9789381448083 ISBN : 9789381384343 ISBN : 9789381448076 ISBN : 9789381448809 ISBN : 9789381448885 ISBN : 9789350571248 ISBN : 9789350570210 ISBN : 9789381384329

ISBN : 9789381448229 ISBN : 9789381448236 ISBN : 9789350570227 ISBN : 9789381588697 ISBN : 9788192079608 ISBN : 9789350571644 ISBN : 9789381588734 ISBN : 9789350570180 ISBN : 9789381448168

ISBN : 9789381588314 ISBN : 9789381588260 ISBN : 9788192079691 ISBN : 9789381588291 ISBN : 9789381588956 ISBN : 9789350570852 ISBN : 9789350570906 ISBN : 9789350570838 ISBN : 9789350570883

ISBN : 9789350570845 ISBN : 9789350570890 ISBN : 9789350570869 ISBN : 9789350570913 ISBN : 9789350570821 ISBN : 9783950570876 ISBN : 9789350570920 ISBN : 9789350570937

ISBN : 9789381588987 ISBN : 9789350570005 ISBN : 9789350570012 ISBN : 9789350570029 ISBN : 9789381588994 ISBN : 9789350570036 ISBN : 9789350570043 ISBN : 9789350570050 ISBN : 9789381588406

ISBN : 9789381448182 ISBN : 9789381448199 ISBN : 9789381448144 ISBN : 9789381384404 ISBN : 9789381588451 ISBN : 9789381588581 ISBN : 9789381588529 ISBN : 9789381448137 ISBN : 9789381448106

ISBN : 9789381448175 ISBN : 9789381448113 ISBN : 9789381448120 ISBN : 9789381448151 ISBN : 9789381384701 ISBN : 9789381384718 ISBN : 9789381384862 ISBN : 9788192079615 ISBN : 9789381384015

All Books Available on Flipkart, Amazon, Infibeam, Snapdeal, Shopcluse • marketing@vspublishers.com

HEALTH & BEAUTY CARE/FAMILY & RELATIONS/LIFESTYLE

ISBN : 9789350570463 ISBN : 9789381588482 ISBN : 9789381448724 ISBN : 9789381448762 ISBN : 9789381448823 ISBN : 9789381384961 ISBN : 9789381384442 ISBN : 9789381448496 ISBN : 9789381588918

ISBN : 9788122307511 ISBN : 9789381448502 ISBN : 9789381384633 ISBN : 9789381448489 ISBN : 9789381384251 ISBN : 9789350570593 ISBN : 9789381384831 ISBN : 9789381384800 ISBN : 9789350570616

ISBN : 9789381384220 ISBN : 9789381384817 ISBN : 9789381384572 ISBN : 9789381448694 ISBN : 9789381384824 ISBN : 9789381384565 ISBN : 9789381384909 ISBN : 9789350570609 ISBN : 9789381448663

ISBN : 9789381448458 ISBN : 9789381384589 ISBN : 9788192079653 ISBN : 9789381384978 ISBN : 9789381448472 ISBN : 9789381448731 ISBN : 9789350571897 ISBN : 9789381448434 ISBN : 9789381448465

ISBN : 9789381384244 ISBN : 9789381384237 ISBN : 9789381384626 ISBN : 9789381448519 ISBN : 9789381384619 ISBN : 9789381448892 ISBN : 9789381384602 ISBN : 9789381588369 ISBN : 9789381588376

ISBN : 9789381588383 ISBN : 9789381588390 ISBN : 9789381448557 ISBN : 9789381588826 ISBN : 9789381384268 ISBN : 9788122305159 ISBN : 9789381448748 ISBN : 9789381384992 ISBN : 9789381384664

ISBN : 9789381448700 ISBN : 9789381588758 ISBN : 9789381384923 ISBN : 9789350570104 ISBN : 9789381448618 ISBN : 9789381448441 ISBN : 9789381384688 ISBN : 9789381384282 ISBN : 9788122308808

ISBN : 9789381448854 ISBN : 9789381384046 ISBN : 9789381384275 ISBN : 9789381384985 ISBN : 9789381448601 ISBN : 9789381448861 ISBN : 9789381384640 ISBN : 9789381384848 ISBN : 9789381384657

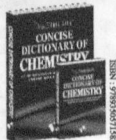

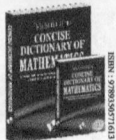

www.ingramcontent.com/pod-product-compliance
Lightning Source LLC
Chambersburg PA
CBHW050557210326
41521CB00008B/1008
* 9 7 8 9 3 5 0 5 7 6 2 4 3 *